少しの仕込みで生み出す
毎日食べたくなる味

六甲かもめ食堂の野菜が美味しいお弁当

船橋律子

はじめに

いつものかもめ食堂のお弁当は、毎日作る定食のおそうざいやお持ち帰り用のおそうざいの中から5品選んで詰め合わせます。カップケースを使うので、汁っぽい煮物でも何でも入れられますが甘い、酸っぱい、しょっぱいなどの味と、食感、調理方法などが重ならないようにとバランスをよく考えて作っています。この本のお弁当もいつもと同じように考えました。

お店のレシピなので、行程の多い料理もあって少し難しいかなぁとも思いますが、下ごしらえをきっちりとした料理は時間が経っても味が変わりにくく、日持ちもします。毎日の食卓にものせられるよう、たくさん作っていただいたら面倒でも作りがいがあるのではと思います。

かもめ食堂のおそうざいはよそゆきのごはんではないので、わぁ！　と歓声が上がることはありませんが、誰にも馴染みやすく、すぅっとお腹におさまって「あぁ美味しかった」と小さな声がもれるような、そんな料理であればいいなぁと、いつも色々なことを想像しながら、ていねいにていねいに作っています。

この本のお弁当を、料理を、たくさんの方が作ってくださって「あぁ美味しかった」の小さな声が聞こえてきたらわたし、もう心の中でにんまりです。どうぞどうぞ、よろしくお願いいたします。

かもめ食堂　船橋律子

もくじ

［お弁当］

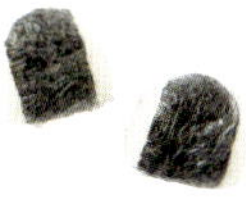

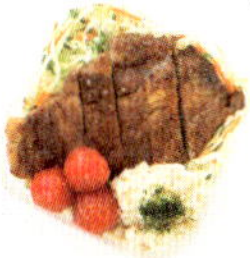

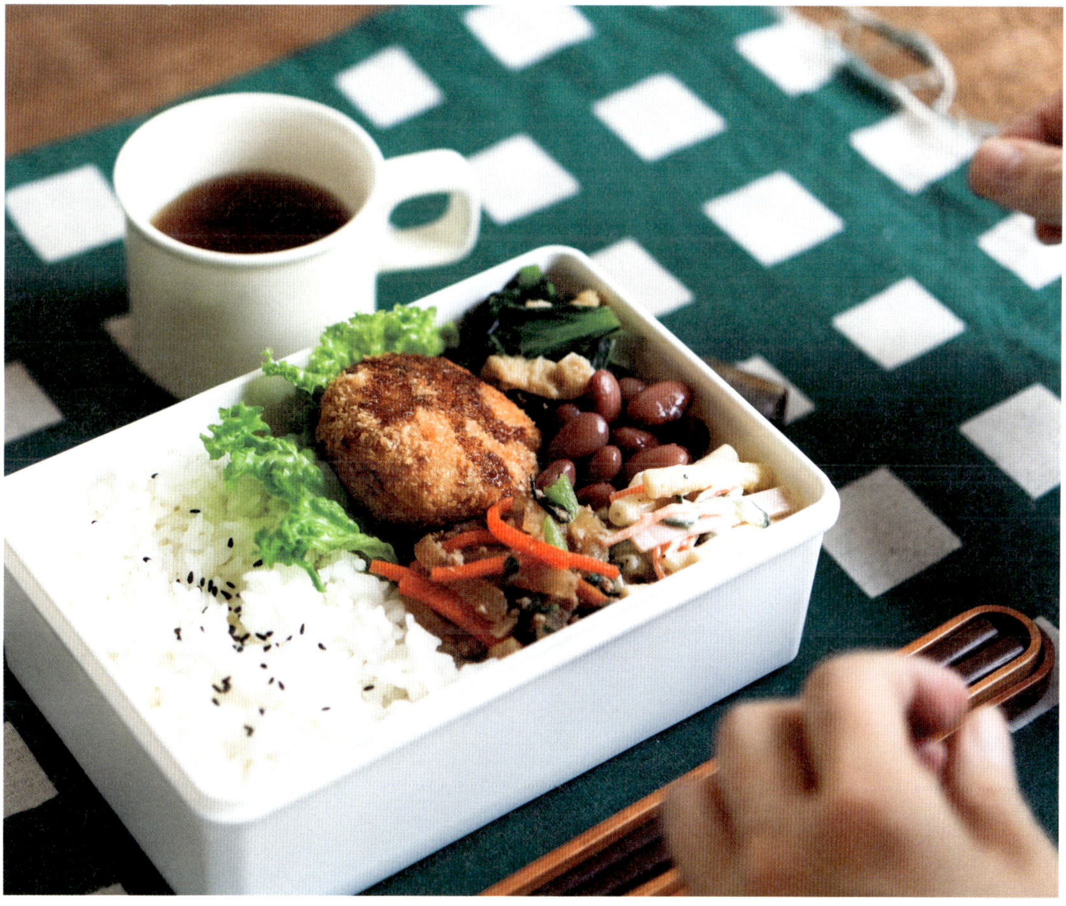

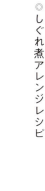

［おそうざい］

メインのおかず

サブのおかず

［この本で料理を作るみなさまへ］

材料の分量について

◎小さじ1は5cc、大さじ1は15cc、1カップは200ccのことです。

◎野菜の分量は、じゃがいもと里芋は皮つきのままの分量です。

その他は、皮をむいたり種を取ったりした後の分量（正味の分量）です。

◎木綿豆腐は1丁350g、こんにゃくは1丁250g、

油揚げは1枚8cm×15cmのものを使っています。

だし汁について

◎だし汁は昆布とかつお節でとる、一番だしを使っています。

調理器具について

◎加熱調理の火加減はガスコンロ使用を基準にしています。

◎電子レンジは600wのものを基準にしています。

◎フライパンはフッ素樹脂加工のものを使用しています。

調味料について

◎砂糖は上白糖、塩は粗塩、酢は穀物酢、揚げ油はサラダ油を使っています。

◎しょうゆは、特に記載がない場合は、濃口しょうゆを使っています。

下処理について

◎野菜や果物は特に記載がない場合は、洗って皮をむき、根、種、わた、筋などを取り除いて使用しています。

ただしさつまいもは、特に記載がない場合は、皮をむかずに使用しています。

食品の保存について

◎保存する料理は、清潔な容器に入れて冷蔵保存するか、個別に適した方法で冷凍保存してください（P.13参照）。

全レシピ共通

ここをチェック

Point!

味や食感や風味をよくするための調理のコツやアレンジについてなどを紹介

前日の仕込み　保存方法

前日までに段取りをしておけるレシピ番号と保存方法、期間を記載しています

アレンジレシピ

少しのアレンジで作れるレシピを掲載。ほかの食材でも是非作ってみてください

美味しく
いただきましょう!

かもめ食堂のお弁当のこと

お弁当は、作ってすぐには食べず、時間をおいてから食べることが多いと思います。
かもめ食堂のおそうざいも同じ。毎日早朝に作りはじめ、お昼から夕方までお店に並びます。
ここでは、お店での経験をもとに、お弁当作りに活かせるあれこれをまとめてみました。
手作りのお弁当は、ふたをあける時にちょっぴりわくわくする、小さなごちそう。
冷めても美味しくて元気が出るようなお弁当、ぜひ作ってみてください。

[美味しいお弁当のための7か条]

1.

味、食感、調理法が重ならない組み合わせに。

かもめ食堂の定食やお弁当で大切にしているのは、味や食感、調理法が偏らず、バランスよく味わえること。まずはメニューをひとつ決め、そこから組み合わせを考えます。たとえば、甘辛い煮物を入れたいとすると、メインには塩味のフライ、箸休めはさっぱりとした酢の物をというように。彩りもバランスを考えますが、あまり気にしなくても、プチトマトを添えたり、ごはんに梅干しや黒ごまをのせたりするだけで、美味しそうに仕上がります。

〈手作りのタレ3種〉

かもめ食堂で定番の照り焼きダレ(P.63)、ごまダレ(P.28)、酢味噌ダレ(P.32)は、素材に絡めるだけでOKの手作り調味料。日持ちもするので、味のバリエーションにまとめて作っておくと便利です。

2.

野菜の皮むきはまとめて、できる仕込みは前日に。

かもめ食堂ではすべての料理を手作りしているため、仕込みは毎朝3時からスタート。それでも、野菜の皮むきはいくつかまとめて、カットはメニューごとに前日にしておかなければ間に合いません。おうちでのお弁当も、一からすべて朝に作るのは大変。もちろん、時間に余裕があれば当日作ることをおすすめしますが、できることを前もって済ませておければ、少し負担が軽くなるかもしれません。何品かは、晩ごはんのおかずをそのまま入れても構わないとも思います。本書では、前日に調理しておいても差しさわりのない工程を個別のレシピに記載しています。左記の野菜の皮むきやカットをしておく時の保管方法とともに参考にしてください（要冷蔵）。

まとめて皮むきする野菜について

◇たまねぎ、にんじんなど
↓皮をむいてビニール袋に入れ、空気に触れないようにぎゅっとしばっておく。
◇ごぼう
↓たわしで表面をこすりながら洗い、1本ずつラップに包んでおく。
※ごぼうは多少変色します。

前日にカットする野菜について

◇たまねぎ、にんじん、ピーマン、大根、白菜、キャベツなど
↓メニューごとの大きさにカットしてビニール袋に入れ、空気に触れないようにぎゅっとしばっておく。
◇じゃがいもなど
↓メニューごとの大きさにカットして水をはった容器に入れておく。

3.

時間が経っても美味しいように。

《その１：ひと手間を大事に》

◎水切り

どんな素材も、水がついたままだと味がなじみにくく、いたみやすくなるため、和えたり炒めたりする前には、素材の水をしっかり切っておくことが大切。水分の多い豆腐は、水切りも兼ねて塩ゆでする方法が、日持ちもするのでおすすめです。

〈豆腐の塩ゆで〉

鍋にちぎった豆腐と水を入れ、塩少々を加えて火にかける。

↓沸騰したら中火にし、豆腐が浮いてきたらざるにあげて水を切り、冷ましておく。

※途中で上下を返すと冷めやすくなります。扱いにくい場合は、キッチンペーパーをざるに敷いてください。

◎下ゆで

かたい野菜をはじめ、厚揚げやミックスビーンズ、蒸し大豆などは、一度軽く下ゆでしておき、調味料をしみ込みやすくしておきます。ちょっぴり手間ですが、素材に味がよくなじんでいると、味や状態の変化が少なく、美味しさを長く保てます。

◎味つけ

調味料を加えるタイミングも大切。塩は味が入りやすいように熱いうちに、マヨネーズは分離しないように粗熱が取れてから、青のりは変色するので完全に冷めてからなど、素材の特性に合わせて段階的に加えると、味も状態もあまり変化がありません。

4.

時間が経っても美味しいように。

《その2：サラダの野菜は蒸して使う》

ポテトサラダやマカロニサラダなどに入れる野菜は、ほとんど生では使わずに野菜の種類ごとにざるに入れ、「蒸す」という方法で火を通しています。蒸しておくと、時間が経っても野菜から水分や臭みが出てこないので、料理全体の味や状態が変わらず、美味しさが長続きします。しかも、野菜のうま味や甘みは増し、辛みなどは抑えられるので、うれしい限り。じゃがいも、たまねぎ、にんじん、さつまいもなど、基本的には何でも蒸しますが、やわらかくなってくずれてしまわないように、蒸す時間は野菜の種類と大きさによって、その都度加減してください。

5.

時間が経っても美味しいように。

《その3：下味をつけておく》

肉に塩、こしょうをしっかりふってから、フライパンで焼いてタレを絡ませたり、ゆでた豆やひじきに砂糖、しょうゆ、酢をまぶしてから野菜と和えてサラダにしたり、素材そのものに下味をつけておくと、料理全体の味がぼやけてくることがなく、時間が経っても美味しくいただけます。味がついていれば、仕上げに使うタレやマヨネーズの量が少なくて済むということになり、まさに一石二鳥。揚げものも、素材自体にしっかり味をつけておくと、ポン酢やソース、ケチャップなどを添えなくても大丈夫。お弁当にも手軽に入れられます。

6.

素材を生かし、食感にメリハリをつける。

食感は料理の印象を左右する大事なポイント。野菜のシャキシャキとした歯応えが美味しい和えものや、ふんわりやわらかな卵焼きなどは、加熱時間や火加減がとても重要になってきます。特に、ブロッコリーや青菜などをゆでる時は、少し早いかなと思うくらいがちょうどいい頃合い。炒め物も「煮る」にならないように、強めの火加減で仕上げるのがコツです。余熱でもどんどんやわらかくなってしまうので要注意。店では、ゆでたり蒸したりしたら、すぐに扇風機で冷ましたり、水に取って冷ましたりしています。ご家庭では、団扇などで仰いで手早く冷ますようにしてください。

一方、白和えの衣などは、とろりとした舌触りに仕上げたいもの。できるだけなめらかにしたいので、すり鉢で丹念にすりつぶします。お店では量も多いので、フードプロセッサーを使うこともあります。あっという間にクリームのような食感になるので、持っている方はぜひ一度試してみてください。

7.

まとめて作っておいて、冷凍保存を活用する。

お店の料理はすべてその日の朝に仕上げていますが、私が自分のお弁当を作る時は、まとめて作っておいたひじきや煮豆を解凍して入れるなど、冷凍しておいたものを活用することもあります。メンチカツも、揚げてからラップに包んで冷凍し、お弁当に入れる時は、レンジで少し解凍してトースターで温めるだけ。朝に作るのは手間がかかりますが、ひとつふたつ必要な分だけをさっと用意できるので、とても重宝しています。他にも、水で戻した干ししいたけや錦糸卵など、便利な冷凍活用術があれこれ。ここでは、お弁当に役立ちそうなものをまとめてご紹介しておきます。

（冷凍保存の詳しい方法は左ページ参照）

お弁当作りを楽にする冷凍保存

	品目	冷凍法	解凍法	メモ
食材	・錦糸卵	ラップに包む	自然解凍 レンジ可	半端が出た時に冷凍しますが、ちらし寿司などの彩りには焼きたてがおすすめ
	・戻し干ししいたけ	軸をとって１つずつラップに包む	自然解凍 レンジ可	用途に応じて細切りにしておいたものを冷凍すると便利。
	・蒸し大豆	蒸して冷ましたものを小分けにしてポリ袋に入れる	凍ったまま加熱調理	＜蒸し大豆の作り方＞ 大豆1kgをタッパーに入れ、重曹ひとつまみと水５ℓを入れ、一晩冷蔵庫におく。ざるにあげて、さっと水で洗い、ざるごと蒸し器に入れて強火で約１時間柔らかくなるまで蒸す
	・細切りにした油揚げ	小分けにしてラップに包む	自然解凍 凍ったまま加熱調理	
	・ゆでたほうれん草、ブロッコリー	小分けにしてラップに包む	自然解凍 凍ったまま加熱調理	解凍すると水っぽく食感が柔らかくなりやすいので、凍ったままスープなど煮込み料理に使うのがおすすめ
	・味噌漬けにした魚	みそを洗い流して水気を拭き取り１つずつラップに包む	冷蔵庫でゆっくり自然解凍したのち、グリルなどで焼く	
おそうざい	・煮豆 ・ひじきの煮物 ・切り干し大根 ・うの花 ・ごぼうとまいたけのきんぴら	カップケースに小分けにして入れ、タッパーに入れ表面にラップをかけてふたをきっちりする	自然解凍 凍ったままお弁当に入れておけばOK	ひじきやうの花に入っているこんにゃくが少しちりちりになりますが、食べても気になりません
	・メンチカツ ・コロッケ	ラップに１つずつ包む	自然解凍またはレンジで軽く解凍し、オーブンやトースターで中心が熱くなるまで温める	レンジで温めすぎるとパサパサになったり、肉の臭みが出るので注意 ※肉料理全般
	・シュウマイ	お皿にくっつかないように並べて冷凍、凍ったらバラしてポリ袋に入れる	凍ったまま、または自然解凍し、水にくぐらせてお皿に並べ、ラップをふわっとかけてレンジで温める	凍ったままおでんやお鍋に入れるのもおすすめ。凍ったままからあげにする時は、中温でゆっくりと揚げる
	・つくね	ラップに１ずつ包む	凍ったまま、または自然解凍し、レンジで温める	

ドカンと煮込み弁当

◎ たまごと肉団子のこっくり煮
◎ ごぼうと水菜のごまサラダ
◎ ゆずかぶら
◎ 昆布の佃煮

メインのおかずは、食欲をそそる中華風の大きな肉団子。ハンバーグのような大きさでも、しっとりやわらかく仕上げているためペロリと食べられます。一緒に煮込んだ卵にも味がしみて、これだけでもボリュームはしっかり。あとは、酸味のきいたサラダやさっぱりとした漬物を合わせれば充分です。お好みで、ごはんに甘辛い昆布を添えても。

炒めたたまねぎが
たっぷり入った、
しっとりやわらかな
肉団子です

1. たまごと肉団子のこっくり煮

材料（2人分）

- 豚ひき肉　200g
- ゆで卵　2個
- ニラ　1/2束
- たまねぎ　大1/4個(80g)
- 酢　大さじ　1/2

A 溶き卵　1/2個分
パン粉　大さじ3
牛乳　大さじ1
塩　少々
こしょう　少々
ナツメグ　少々

B 水　2/3カップ
鶏がらスープの素
小さじ1/2
オイスターソース
大さじ1と1/2

[作り方]

①ニラは4cmに切る。

②たまねぎはみじん切りにしてさっと炒めて冷ましておく。

③豚ひき肉にAと②を加えて練り、4等分にして丸める。

④フライパンにサラダ油少々(分量外)を熱し、肉団子を転がしながら中火でじっくり焼く。全面に焼き色がついたらふたをして、弱火で5分焼く。ふたを取ってBとゆで卵を加え、時々転がしながら中火で煮る。煮汁が1/3くらいになったらニラと酢を加え、さっと煮絡める。(お弁当箱には、煮汁を軽く切り、ニラを敷いて肉団子をのせて卵は半分に切って入れる)

前日の仕込み　仕上げまでまたは②までOK

保存方法　冷蔵で約2日間

Point!

保存しておいたものを温め直す場合は、煮汁が少ないのでレンジで温めるのがおすすめ。(ゆで卵は破裂するので、必ず半分に切ってから温める)

2. ごぼうと水菜のごまサラダ

材料（作りやすい分量）

- ごぼう　1本(200g)
- にんじん　1/3本(70g)
- 水菜　1/3束

A さとう　小さじ1
しょうゆ　小さじ1
酢　小さじ2

B (ドレッシング)
マヨネーズ　大さじ3
酢　大さじ1
さとう　小さじ1
みそ　小さじ1/2
しょうゆ　小さじ1
すりごま　大さじ1と1/2

[作り方]

①ごぼうとにんじんはマッチ棒くらいの大きさに切る。沸騰した湯にごぼうから入れ、少したってからにんじんも加え、歯応えが少し残るくらいのかたさになるまでゆでる。ざるにあげ水気をしっかり切ってボウルに移し、Aで下味をつけて冷ます。

②Bのドレッシングで和え、3～4cmに切った水菜も加えてさっくり混ぜる。

前日の仕込み　①までOK

保存方法　冷蔵で約2日間

3. ゆずかぶら

アレンジレシピ P.17

材料（作りやすい分量）

- かぶ　中3個(350g)
- 塩　小さじ1
- ゆず　1/2個

A さとう　大さじ3強
酢　100cc

[作り方]

①かぶは薄いいちょう切りにし、塩をまぶしてしばらくおく。

②ゆずの皮をうすくむいて細く刻み、果汁は絞っておく。

③ボウルにAを合わせ、②としっかり水気を絞った①を入れて和え、半日おく。

前日の仕込み　すべて必須

保存方法　冷蔵で約1週間

4. 昆布の佃煮

材料（作りやすい分量）

- 昆布(だしを取った後のもの) 3回分(10㎝角×3枚)

A 水　150cc
さとう　大さじ2
酒　大さじ1
みりん　大さじ1
しょうゆ　大さじ2
かつお節　適量

[作り方]

①昆布は2㎝角に切る。

②鍋に①とかつお節を入れて中火にかけ、煮汁がなくなるまで煮る(煮汁が少なくなってきたら、焦げないように混ぜながら煮る)。

前日の仕込み　仕上げまでOK

保存方法　冷蔵で約5日間

Point!

だしを取った後の昆布は、2㎝角に切って冷凍しておき、まとめて炊くとよい。

アレンジレシピ

甘酢漬け

ゆず白菜

材料（作りやすい分量）

- 白菜　大1/8個（350g）
- 塩　小さじ1
- ゆず　1/2個

A さとう　大さじ3強
　酢　100cc

［ 作り方 ］

①白菜は芯の方は繊維に沿って5cm長さ、5mm幅に切る。葉の方は繊維に直角に1cm幅に切り、塩をまぶして5分置く。

②③は「ゆずかぶら」と同じ。

前日の仕込み　すべて必須

保存方法　冷蔵で約1週間

ゆず大根

材料（作りやすい分量）

- 大根　8cm（350g）
- 塩　小さじ1
- ゆず　1/2個

A さとう　大さじ3強
　酢　100cc

［ 作り方 ］

①大根はうすいいちょう切りにして塩をまぶして5分置く。

②③は「ゆずかぶら」と同じ。

前日の仕込み　すべて必須

保存方法　冷蔵で約1週間

かぶときんかんの甘酢

材料（作りやすい分量）

- かぶ　中3個（350g）
- 塩　小さじ1
- きんかん　10個

A さとう　大さじ3
　酢　100cc

［ 作り方 ］

①かぶはうすいいちょう切りにして塩をまぶして5分置く。

②きんかんは輪切りにして種をのぞく。

③ボウルにAを合わせ、②としっかり水気を絞った①を入れて和え、半日おく。

前日の仕込み　すべて必須

保存方法　冷蔵で約3日間

肉巻き弁当

◎ニラともやしのゆずこしょう肉巻き
◎焼きかぼちゃのジンジャーマリネ
◎うの花
◎ゴーヤのみそ和え

メインを飾るのは、うま味たっぷりの野菜をお肉で包んで焼き上げた、肉巻きおかず。ボリュームがあってカットすると彩りもよく、ゆずこしょう風味の甘辛味はお弁当にぴったりです。かぼちゃやゴーヤはマリネや和え物に。色合いも鮮やかで、食感のバリエーションが楽しめます。白ごはんを詰める時は、うの花をごはんにのせるのもおすすめです。

3. うの花

材料（作りやすい分量）

- おから　200g
- にんじん　中1/5本（40g）
- ごぼう　1/4本
- こんにゃく　1/4丁
- 干ししいたけ　1枚
- 油揚げ　1/2枚
- だし汁　しいたけの戻し汁を合わせて 3カップ
- 溶き卵　1/2個分
- 青ねぎ　適量

A さとう　大さじ2弱
　みりん　1/4カップ

B 塩　小さじ1/4
　うす口しょうゆ　大さじ1と1/2

［ 作り方 ］

①にんじんはいちょう切りにする。ごぼうはささがきか細切りにして酢水にさらし、ざるにあげて水気を切っておく。こんにゃくは厚みを4枚にスライスしてから細切りにし、ゆでてアク抜きをしておく。油揚げは横半分に切ってから細切りにする。干ししいたけはぬるま湯で戻して水気を絞り、半分に切ってから細切りにする。

②鍋に①とだし汁を入れ、ふたをして弱火で20分ほど煮る。Aを加え、さらに5分煮たらふたを取り、Bとおからを加えて中火にし、煮汁がなくなるまで時々混ぜながら煮る。

③青ねぎを小口切りにし、溶き卵とともに加えて混ぜ、さっと煮る。

前日の仕込み　仕上げまでOK

保存方法　冷蔵で約5日間
冷凍も可（P.13参照）

4. ゴーヤのみそ和え

材料（作りやすい分量）

- ゴーヤ　1/2本
- バターピーナツ　大さじ1

A みそ　大さじ2/3
　さとう　大さじ2/3
　酒　大さじ1/2

［ 作り方 ］

①ゴーヤは縦半分に切ってわたを取り、薄切りにして塩（分量外）をまぶして5分おく。熱湯に塩がついたままのゴーヤを入れ、さっとゆでて冷水に取り、しっかり絞って水気を切る。

②ピーナツは転がらないようにペーパータオルを敷いたまな板の上で刻む。

③ゴーヤとピーナツをAで和える。

前日の仕込み　仕上げまでまたは②までOK

保存方法　冷蔵で約2日間

もやしとニラの
シャキシャキとした
食感がおいしい肉巻き。
甘辛味にゆずこしょうを加え、
飽きのこない
大人味に仕上げています

1. ニラともやしの ゆずこしょう肉巻き

材料（4個分）

アレンジレシピ P.22

- 豚バラ薄切り肉　4枚
- 太もやし　100g
- ニラ　1/2束
- 小麦粉　適量

A 酒　大さじ1
　みりん　大さじ1
　しょうゆ　大さじ1
　ゆずこしょう　小さじ1/2

[作り方]

①太もやしは洗ってざるにあげ、しっかり水気を切る。ニラは5㎝に切る。

②Aを合わせておく。

③豚バラ肉を広げ、端に太もやしとニラを1/4量ずつのせてしっかり巻く。肉の部分に小麦粉をうすくまぶす。

④フライパンにサラダ油少々（分量外）を熱し、全面にこんがりと焼き色がつくまで転がしながら中火で焼く。

⑤余分な油をふき取ってAを絡める。

前日の仕込み　①までOK

保存方法　不可

Point!
ゆずこしょうの量はお好みで。

2. 焼きかぼちゃの ジンジャーマリネ

材料（作りやすい分量）

- かぼちゃ　1/8個（150g）
- たまねぎ　1/4個（80g）
- サラダ油　小さじ2

A 酢　大さじ2
　はちみつ　大さじ1
　しょうゆ　小さじ1
　おろししょうが　小さじ1/2

[作り方]

①かぼちゃは7～8mm厚さの薄切りにする。たまねぎは薄切りにする。

②ボウルにAを合わせておく。

③フライパンにサラダ油を熱し、かぼちゃを並べて塩少々をふり、ふたをして中火で焼く。両面こんがり焼き色がついて火が通ったら、②のボウルに移す。

④同じフライパンにサラダ油（分量外）を足し、たまねぎをしんなりするまで炒めたら、①のボウルに移して和える。

前日の仕込み　仕上げまでまたは①までOK

保存方法　冷蔵で約5日間

Point!
かぼちゃは形がくずれやすいので、火が通ったものからボウルに移していく。

ズッキーニの肉巻きカツ

材料（4個分）

- ズッキーニ　小1本
- 豚バラ薄切り肉　4枚
- 塩・こしょう　各適量

衣　小麦粉・溶き卵・パン粉　各適量

- 揚げ油　適量

［作り方］

①ズッキーニはへたを切り落とし、縦2つに切ってから横半分に切る。

②豚バラ肉を広げて並べ、しっかりと塩、こしょうをふる。

③②の端に①を１つずつのせて、らせん状に巻く。

④小麦粉、溶き卵、パン粉の順に衣をつけて170℃に熱した油に入れ、返しながらきつね色になるまで3〜4分揚げる。

前日の仕込み　不可

保存方法　不可

point!

豚バラ肉にしっかりと塩、こしょうをふっておくと、ソースなしでも美味しい。

たまねぎの肉巻きカツ

材料（4個分）

- たまねぎ　小1個
- 豚バラ薄切り肉　4枚
- 塩・こしょう　各適量

衣　小麦粉・溶き卵・パン粉　各適量

- 揚げ油　適量

［作り方］

①たまねぎは上下を切り落とし、4等分の輪切りにする（切り落とした部分は他の料理に使う）。

②③④は「ズッキーニの肉巻きカツ」と同じ。

前日の仕込み　不可

保存方法　不可

アレンジ
レシピ

肉巻き

厚揚げの肉巻き

材料（4個分）

- 厚揚げ（絹揚げ四角形）　2枚（1枚150g）
- 豚バラ薄切り肉　4枚
- 塩・こしょう　各少々
- 小麦粉　適量
- 照り焼きダレ（P.63参照）　大さじ2～3

[作り方]

①厚揚げは湯通しして油抜きをし、半分に切る。

②豚バラ肉を広げて並べ、軽く塩、こしょうをふる（なくてもよい）。

③ ②の端に厚揚げを1つずつのせて、らせん状に巻く。

④肉の部分に小麦粉をうすくまぶし、サラダ油少々（分量外）を熱したフライパンで転がしながら、中火で5分ほど焼く。

⑤全面きつね色に焼けたらペーパーで余分な油をふき取り、照り焼きダレを加え、タレが少し残るくらいまで煮絡める。

前日の仕込み　不可

保存方法　不可

Point!

肉にしっかり焼き色をつけてからタレを絡ませると、おいしそうな照りがつきます。タレを煮絡める時は焦げないように注意を。

エリンギの肉巻き

材料（4個分）

- エリンギ　1パック
- 豚バラ薄切り肉　4枚
- 塩・こしょう　各少々
- 小麦粉　適量
- 照り焼きダレ（P.63参照）　大さじ2～3

[作り方]

①エリンギは短いものはそのまま、長いものは長さを半分に切って1cm角の棒状に切る。

②豚バラ肉を広げて並べ、軽く塩、こしょうをふる（なくてもよい）。

③エリンギを4等分にして、②の端にまとめてのせ、らせん状にしっかり巻く。

④⑤は「厚揚げの肉巻き」と同じ。

前日の仕込み　不可

保存方法　不可

Point!

エリンギは火を通すと細くなるので、豚肉をきつめに巻いておく。

チキン南蛮弁当

◎ チキン南蛮
◎ いろいろ野菜のごま和え
◎ かぶとセロリの浅漬け風
◎ なすと厚揚げの煮物

みんな大好きなチキン南蛮。揚げたての鶏肉にしっかりと味をなじませておき、さっぱりと仕上げたタルタルソースを合わせると、飽きずにおいしく食べられます。煮汁がじんわりしみた煮物やシャキシャキとした歯応えがおいしいごま和えなど、副菜には野菜のおかずをたっぷりと盛りつけましょう。デザートを添えるなら、季節のフルーツを。

チキン南蛮弁当

3. かぶとセロリの浅漬け風

材料（作りやすい分量）

- かぶ　中2個（250gくらい）
- セロリ　1本
- 塩　小さじ1/2

A 水　100cc
昆布茶　小さじ1
酢　大さじ1
さとう　大さじ1/2
塩　小さじ1/2
うす口しょうゆ　小さじ1/2
たかのつめ（小口切り）　少々

[作り方]

①小鍋にAを入れて火にかけ、沸騰寸前で火を止めて、よく混ぜたら冷ましておく。

②かぶは薄いいちょう切りに、セロリはななめ薄切りにして合わせ、塩をまぶして30分おく。

③ ②の水気をしっかり絞り、①につけて一晩おく。

前日の仕込み　すべて必須

保存方法　冷蔵で約5日間

4. なすと厚揚げの煮物

材料（作りやすい分量）

- なす　中4本
- 厚揚げ（絹揚げ）　大1枚（240g）

A サラダ油　大さじ1
ごま油　大さじ1

B だし汁　300cc
さとう　大さじ1
みりん　大さじ2
しょうゆ　大さじ2
おろししょうが　小さじ1

[作り方]

①なすは縦半分に切り、皮にななめに切り目を入れて2～3つに切る。水にさらしてアク抜きをしておく。

②厚揚げは熱湯にくぐらせて油抜きし、一口大に切る。

③鍋にAを熱し、中火でなすを炒める。まんべんなく油がまわったら厚揚げとBを加え、落としぶたをして何度か返しながら、なすがやわらかくなるまで煮る。（時間が経つとなすの色が厚揚げに移るが、味は変わらない）

前日の仕込み　仕上げまでOK

保存方法　冷蔵で約3日間

Point!

色移りが気になる時は、一緒に炊き上げてから、なすと厚揚げを別々に保存しておく。

揚げ鶏だけでも美味しいですが、
たまねぎとパセリたっぷりの
タルタルソースを合わせると、
さらに味わいが広がります!

1. チキン南蛮

材料（2人分）

- 鶏もも肉　200g
- 塩・こしょう　各少々
- 小麦粉　適量
- 溶き卵　適量

A 酢　大さじ1と1/2
だし汁　大さじ1と1/2
しょうゆ　大さじ1/2
さとう　大さじ1
塩　小さじ1/4
しょうが（スライス）　1枚

B（タルタルソース/作りやすい分量）
ゆで卵　1個
たまねぎ　1/4個
パセリ　1本
マヨネーズ　1/2カップ
ケチャップ　大さじ1
酢　小さじ2

[作り方]

①Aをひと煮立ちさせる。

②鶏肉は一口大に切って塩、こしょうをする。小麦粉をまぶして溶き卵にくぐらせ、160℃に熱した油に入れ、表面がかたまってきたら返し、130℃で5分、高温にして1〜2分揚げて、揚げたてをAに絡めて味をなじませておく。

③Bの材料でタルタルソースを作る。（たまねぎは細いみじん切りにして塩少々（分量外）を加えてもむ。しばらくおいてしんなりしたら水にさらし、ざるにあげて水気を切ってしっかり絞る。パセリはみじん切りにし、ゆで卵は刻む。すべての材料を混ぜ合わせる）

④鶏肉にタルタルソースをたっぷりかける。

前日の仕込み　③だけOK

保存方法　不可
※タルタルソースは冷蔵で約5日間

Point!

時間が経つとお肉からも水分が出てきて味がぼやけてくるので、はじめに調味液に絡め、しっかり味をつけておく。

2. いろいろ野菜のごま和え

アレンジレシピ P.28

材料（作りやすい分量）

- さつまいも　中1本（200g）
- れんこん　1/2節
- 白ねぎ　1/2本
- ブロッコリー　1/8個
- いんげん　3本
- ごま和えの素（P.28参照）　大さじ3

[作り方]

①さつまいもとれんこんは5mm幅のいちょう切り、または半月切りにしてそれぞれ水にさらす。白ねぎは2cmに切る。それぞれざるに入れて蒸し器で火が通るまで蒸す。

②ブロッコリーは小房に分けてさっと塩ゆでし、ざるにあげて手早く冷ます。いんげんは塩ゆでして冷水に取り、水気をふき取って3cmに切る。

③ ①と②をごま和えの素で和える。

前日の仕込み　①②までOK

保存方法　冷蔵で約2日間

Point!

ブロッコリーは余熱でやわらかくならないように、うちわなどで仰いで手早く冷ます。

ごま和えの素

材料（作りやすい分量）

- 白ごま　1カップ
- さとう　60g
- しょうゆ　1/2カップ
- 酒　大さじ2
- 練りごま　大さじ5

［作り方］

①すり鉢で白ごまをすり、さとう、しょうゆ、酒、練りごまを加えて混ぜる。

保存方法　**冷蔵で約1か月間**

アレンジレシピ

ごま和え

厚揚げのごま和え

材料（作りやすい分量）

- 厚揚げ（絹揚げ）　大1枚（240g）
- ごま和えの素　大さじ1

［ 作り方 ］

①厚揚げは熱湯にくぐらせて油抜きをする。オーブントースターかグリルでかりっと焼いたら一口大に切り、冷ましておく。

② ①をごま和えの素で和える。

前日の仕込み　仕上げまでOK

保存方法　冷蔵で約2日間

白菜のごま和え

材料（作りやすい分量）

- 白菜　1/4個

A　白すりごま　大さじ2
　みりん　大さじ1
　しょうゆ　大さじ1

［ 作り方 ］

①白菜は1cm幅に切り、芯と葉に分けておく。

②塩少々（分量外）を入れた湯に芯の方から入れ、1分ほどしたら葉の方も入れてさっとゆがき、ざるにあげて冷ましておく。

③粗熱が取れたら水気をしっかり絞り、Aで和えて冷ます。

前日の仕込み　仕上げまでまたは①までOK

保存方法　冷蔵で約3日間

Point!

白菜は塩ゆでですると早く火が通る。余熱でどんどんやわらかくなるので、かたいかなと思うくらいでざるにあげる。

ほうれん草とツナのおかずごま和え

材料（作りやすい分量）

- ほうれん草　1把
- にんじん　少々
- ツナ缶（小）　1/2缶
- 錦糸卵　1/2個分

A　白すりごま　大さじ1
　しょうゆ　大さじ1
　さとう　大さじ2/3
　おろししょうが　少々

［ 作り方 ］

①ほうれん草はゆでて冷水に取り、水気をしっかり絞って3cmに切る。にんじんはせん切りにしてさっとゆでておく。ツナ缶は缶汁を切る。

② ①と錦糸卵をAで和える。

前日の仕込み　①と錦糸卵はOK

保存方法　冷蔵で約2日間

Point!

錦糸卵は卵1個分で作り、残りは冷凍しておくと便利。（P.13参照）

かぼちゃのごま和え

材料（作りやすい分量）

- かぼちゃ　1/8個（150g）
- ごま和えの素　大さじ1

［ 作り方 ］

①かぼちゃは一口大に切ってざるに入れ、蒸し器で火が通るまで蒸して（形がくずれないように）冷ましておく。

② ①をごま和えの素で和える。

前日の仕込み　仕上げまでまたは①までOK

保存方法　冷蔵で約2日間

魚フライ弁当

◎ いわしの梅しそフライ
◎ ごぼうのカレー白和え
◎ 里芋のゆずみそ煮
◎ わけぎのぬた和え
◎ にんじんのおかか炒め
◎ だしまき卵

梅しそやぬた、ゆずみそなど、ちょっぴり大人好みの味わいをあれこれ組み合わせたお弁当です。いわしのフライは、衣はサクッ、身はしっとりやわらかで、梅味がふわっと広がり食欲をそそります。白和えも、豆腐を塩ゆでして水切りをしっかりしておけば、お弁当に入れても大丈夫！　ただし、他のおかずが冷めてから盛り込むようにしてください。

魚フライ弁当

3. 里芋のゆずみそ煮

材料（作りやすい分量）

- 里芋　300g
- ゆずの皮すりおろし　少々
- うす口しょうゆ　大さじ1/2

A だし汁　250cc
酒　大さじ1/2
さとう　大さじ2/3

B 白みそ　大さじ1強
だし汁　大さじ2

［ 作り方 ］

①里芋は皮をむいて小さいものはそのまま、大きいものは小さく切る。かためにに下ゆでしたら、ぬめりを洗い流して水気を切る。

②Bの白みそをだし汁で溶いておく。

③鍋に①とAを入れ、中火で2〜3分煮る。うす口しょうゆを加え、紙ぶたをしてさらに煮る。

④煮汁が1/3くらいになったらBを加えて絡め、ゆずの皮をちらして火を止める。

前日の仕込み　仕上げまで または①までOK

保存方法　冷蔵で 約3日間

4. わけぎのぬた和え

材料（作りやすい分量）

- わけぎ　1束
- 油揚げ　1/2枚
- 酢味噌ダレ　大さじ2

［ 作り方 ］

①わけぎは4cm長さに切って、さっと塩ゆでして冷水に取り、しっかり水気を絞る。油揚げはフライパンで両面こんがり焼いて、短冊に切る。

② ①を酢味噌ダレで和える。

前日の仕込み　仕上げまで または①までOK

保存方法　冷蔵で約3日間 （多少変色あり）

point!

油揚げはグリルで焼いたり直火であぶってもよい。

5. にんじんの おかか炒め

材料（作りやすい分量）

- にんじん　1本（200g）
- かつお節　1パック（5g）

A 酒　大さじ1
しょうゆ　小さじ1
サラダ油　小さじ2

［ 作り方 ］

①にんじんはせん切りにする。

②フライパンにサラダ油を熱し、にんじんを弱〜中火で焦がさないようにじっくり炒める。しんなりしたらかつお節とAを加え、中火にしてさっと炒め合わせる。

前日の仕込み　仕上げまで または①までOK

保存方法　冷蔵で 約3日間

6. だしまき卵

→P.74　運動会弁当のレシピ参照

酢味噌ダレ

材料（作りやすい分量）

- みそ　100g
- さとう　50g
- 酢　50cc

［ 作り方 ］

①ボウルにみそ、さとう、酢を入れ、なめらかになるまで混ぜる。

保存方法　冷蔵で 約3か月間

梅肉と大葉を挟んだ
いわしフライで
ごはんがすすむので、
副菜はそれぞれで
味わえるものを。
幕ノ内風に少しずつ
入れて楽しみます

1. いわしの梅しそフライ

材料（2尾分）

アレンジレシピ P.34

- いわし　2尾
- 大葉　1枚
- 梅肉　小さじ1

衣　小麦粉・溶き卵・パン粉　各適量

- 揚げ油　適量

［ 作り方 ］

①いわしは開いて水気をよくふき取る。大葉は半分に切る。

②いわしを広げて真ん中に梅肉を半量ずつのせ、その上に大葉をのせて半分にたたむ。

③小麦粉、溶き卵、パン粉の順に衣をつけ、160℃に熱した油で3～4分、返しながら両面がこんがりとなるまで揚げる。

前日の仕込み　①までOK

保存方法　不可

Point!

揚げている間に開いてくることがあるので、衣をつけたらしっかりと押さえておく。

2. ごぼうのカレー白和え

材料（作りやすい分量）

アレンジレシピ P.36

- 木綿豆腐　1/2丁
- ごぼう（細め）　1/2本（80g）
- カレー粉　大さじ1/4
- 白ごま　大さじ1強

A　だし汁　2/3カップ
　さとう　大さじ1/2
　酒　大さじ1/2
　しょうゆ　大さじ3/4

B　さとう　大さじ3/4
　塩　小さじ1/6

［ 作り方 ］

①鍋にちぎった豆腐と水を入れ、塩少々（分量外）を加えて火にかける。沸騰したら中火にする。豆腐が浮いてきたらざるにあげて水を切り、冷ましておく。

②ごぼうは5㎜幅の輪切りにする。小鍋にAとともに入れて弱火にかけ、汁気がなくなるまで煮る。カレー粉も加え、混ぜたら火を止めて冷ます。

③すり鉢でごまをよくすって、豆腐も加えてなめらかになるまでする。Bを加えて混ぜ、②を加えて和える。

前日の仕込み　仕上げまでまたは②のみOK

保存方法　冷蔵で約3日間

さわらのカレーフライ
鮭とチーズの黒ごまパン粉フライ
ぶりのごまみそフライ
タラの青のりチーズフライ

アレンジ
レシピ

魚フライ

さわらのカレーフライ

材料（4 個分）

- さわら　2切れ　• 揚げ油　適量

A 塩　小さじ1/2
カレー粉　小さじ1
小麦粉　大さじ1と1/2

衣　溶き卵・パン粉　各適量

[作り方]

①Aをよく混ぜ合せておく。

②さわらは1切れを2つに切る。A、溶き卵、パン粉の順に衣をつける。

③②を170°Cに熱した油で2～3分、何度か返しながら焼き色がつくまでからりと揚げる。

前日の仕込み ①までOK　**保存方法** 不可

ぶりのごまみそフライ

材料（4 個分）

- ぶり　2切れ　• 揚げ油　適量

A 赤みそ　大さじ2
さとう　大さじ2
白すりごま　大さじ1

衣　小麦粉・溶き卵・パン粉　各適量

[作り方]

①Aを合わせておく。

②ぶりは1切れを2つに切る。包丁をねかせて皮にむかって切り込みを入れ（皮はつないだまま）、開く。切り込みにAをはみ出さないようにはさみ、小麦粉、溶き卵、パン粉の順に衣をつける。

③は「さわらのカレーフライ」と同じ

（揚げたてはごまみそがゆるくなっていて流れ出すので、冷めるまで寝かせておく）

前日の仕込み ①までOK　**保存方法** 不可

鮭とチーズの黒ごまパン粉フライ

材料（4個分）

- 塩鮭（甘口）　2切れ　• スライスチーズ　2枚
- 揚げ油　適量

A パン粉　1/4カップ
黒ごま　大さじ1/2

衣　小麦粉・溶き卵　各適量

[作り方]

①チーズは半分に折って切る。Aは合わせておく。

②鮭は2つに切り、包丁をねかせて皮にむかって切り込みを入れ（皮はつないだまま）、開く。切り込みにチーズをはみ出さないようにはさみ、小麦粉、溶き卵、Aの順に衣をつける。

③は「さわらのカレーフライ」と同じ

前日の仕込み 不可　**保存方法** 不可

Point!

チーズは溶けるので、鮭からはみ出さないように鮭の形に合わせてちぎりながらはさみ、衣で閉じ込めるように包む。

タラの青のりチーズフライ

材料（4個分）

- タラ　2切れ　• 塩・こしょう　各少々
- 揚げ油　適量

A パン粉　1/4カップ
青のり　小さじ1と1/2
粉チーズ　小さじ1と1/2

衣　小麦粉・溶き卵　各適量

[作り方]

②Aを合わせておく。

②タラは1切れを2つに切り、塩、こしょうをして、小麦粉、溶き卵、Aの順に衣につける。

③は「さわらのカレーフライ」と同じ

前日の仕込み 不可　**保存方法** 不可

Point!

タラは水分の多い魚なので、塩、こしょうをしっかりして下味をつけておくとよい。

柿と春菊の白和え

材料（作りやすい分量）

- 木綿豆腐　1/2丁
- 柿　1/4個
- 春菊　1/4把
- 白ごま　大さじ1強

A さとう　大さじ3/4
　塩　小さじ　1/6
　しょうゆ　少々

［ 作り方 ］

①鍋に大きくちぎった豆腐と水を入れ、塩少々（分量外）を加えて火にかける。沸騰したら中火にし、豆腐が浮いてきたらざるにあげて水を切り、冷ましておく。

②柿はいちょう切りにする。春菊はさっと塩ゆでして冷水に取り、水気をしっかり絞って2cmに切っておく。

③すり鉢でごまをよくすって、豆腐も加えてなめらかになるまでする。Aを加えて混ぜ、柿と春菊を和える。

前日の仕込み　**仕上げまでまたは②はOK**

保存方法　**冷蔵で約2日間**

Point!

具をだし汁で下煮しないので、しょうゆを多めに加えて味を調える。

とうもろこしの白和え

材料（作りやすい分量）

- 木綿豆腐　1/2丁
- とうもろこし（粒） 1/2本（100g・コーン缶でも可）
- 白ごま　大さじ1強

A だし汁　60cc
　さとう　大さじ1/3
　うす口しょうゆ　大さじ1/4
　みりん　大さじ1/4

B さとう　大さじ3/4
　塩　小さじ1/6

［ 作り方 ］

①鍋に大きくちぎった豆腐と水を入れ、塩少々（分量外）を加えて火にかける。沸騰したら中火にし、豆腐が浮いてきたらざるにあげて水を切り、冷ましておく。

②小鍋にAととうもろこし（コーン缶を使う場合は、しっかり缶汁を切っておく）を入れ、1～2分煮て煮汁ごと冷ます。

③すり鉢でごまをよくすって、豆腐も加えてなめらかになるまでする。Bを加えて混ぜ、②の汁気を軽く絞って加える。味をみて、しょうゆ少々（分量外）を加えて味を調える。

前日の仕込み　**仕上げまでまたは②はOK**

保存方法　**冷蔵で約3日間**

アレンジレシピ

白あえ

これが基本の白和えです。
とろりとした和え衣と
シャキシャキとした野菜の
食感が楽しめます。
お好きな野菜でアレンジを!

白和え

材料(作りやすい分量)

- 木綿豆腐　1/2丁
- にんじん　15g
- こんにゃく　1/8丁
- しめじ　1/8パック
- 春菊　1/8把
- 白ごま　大さじ1強

A だし汁　60cc
　さとう　大さじ1/3
　うす口しょうゆ　大さじ1/4
　みりん　大さじ1/4

B さとう　大さじ3/4
　塩　小さじ1/6

[作り方]

①鍋に大きくちぎった豆腐と水を入れ、塩少々(分量外)を加えて火にかける。沸騰したら中火にし、豆腐が浮いてきたらざるにあげて水を切り、冷ましておく。

②にんじんはいちょう切りにする。こんにゃくは厚みを5㎜に切ってから細切りにし、下ゆでをしておく。しめじはほぐし、長いものは半分に切る。

③小鍋にAと②を入れ、にんじんがやわらかくなるまで弱火で煮たら、煮汁ごと冷ます。

④春菊はさっと塩ゆでして冷水に取り、水気を絞って2㎝に切っておく。

⑤すり鉢でごまをよくすって、豆腐も加えてなめらかになるまでする。Bを加えて混ぜ、③の汁気を軽く絞って加える。春菊も加えてよく混ぜ、味をみて、しょうゆ少々(分量外)を加えて味を調える。

前日の仕込み　**仕上げまでまたは②～④はOK**

保存方法　**冷蔵で約3日間**

point!

水切りした豆腐をフードプロセッサーにかけてもよいです。とてもなめらかになり、クリームのような食感に。

◎ 豆ごはん

◎ ベーコン巻きえびフライ

◎ たまねぎ豚カツ

◎ さわらの西京焼き

◎ ゆで卵とラディッシュの
ピクルス

◎ たけのこの土佐煮

◎ スナップえんどうの塩炒め

◎ 新じゃがの
粒マスタード和え

お花見弁当

**ごちそうをお重に詰めて
春の宴を盛り上げます。**

季節の素材をぎゅっと詰め込んだ、春ならではの行楽弁当。
みんなでわいわい楽しく花見をしながらつまめる、
おにぎりやフライなど取り分けやすいメニューを揃えました。
西京焼きや土佐煮は、お酒のおともにもうれしい一品。
きれいなピンクに色づいた、ゆで卵とラディッシュのピクルスは、
重箱の彩りと味わいのアクセントになってくれます。

5. ゆで卵とラディッシュのピクルス

材料（作りやすい分量）

- ゆで卵　2個
- ラディッシュ　4個

A　酢　大さじ3
　さとう　大さじ2
　塩　小さじ1/2
　水　大さじ1と1/2

［ 作り方 ］

①ラディッシュは葉を切り落とし、半分に切る。

② ①、ゆで卵、Aを保存袋（ビニール袋など）に入れてなじませ、冷蔵庫で一晩おく。

③ゆで卵とラディッシュを取り出して汁気を切り、ゆで卵を半分に切る。

前日の仕込み　②までは必須

保存方法　冷蔵で約3日間

Point!

二晩くらいつけておくと、色が鮮やかできれいに仕上がる。

6. たけのこの土佐煮

材料（作りやすい分量）

- ゆでたけのこ　200g
- かつお節　1パック（5g）

A　だし汁　1カップ
　酒　大さじ1
　さとう　大さじ1
　みりん　大さじ1
　しょうゆ　大さじ1

［ 作り方 ］

①たけのこはいちょう切りにする。

②鍋にAを煮立ててたけのこを入れ、落としぶたをして中火で煮る。

③煮汁がほとんどなくなったら、火を止めてかつお節を絡める。

前日の仕込み　仕上げまでまたは①までOK

保存方法　冷蔵で約3日間

7. スナップえんどうの塩炒め

材料（作りやすい分量）

- スナップえんどう　10本
- サラダ油　小さじ1

A　塩　少々
　酒　大さじ1

［ 作り方 ］

①スナップえんどうは筋を取る。

②フライパンにサラダ油を熱し、スナップえんどうを中火で炒める。

③油がまわったらAを加えて強火にし、水分をとばすように炒める。

前日の仕込み　不可

保存方法　不可

8. 新じゃがの粒マスタード和え

材料（作りやすい分量）

- 新じゃが　250g

A　粒マスタード　大さじ1と1/2
　マヨネーズ　小さじ1
　パルメザンチーズ　小さじ1
　はちみつ　小さじ1
　塩・こしょう　各少々
　パセリ　少々

［ 作り方 ］

①Aは合わせておく。

②新じゃがは洗って皮ごと一口大に切り、蒸し器でやわらかくなるまで蒸す。粗熱が取れたらAで和える。

前日の仕込み　仕上げまでOK

保存方法　冷蔵で約3日間

1. 豆ごはん

材料（作りやすい分量）

- 米2合
- うすいえんどう豆（実）　1合
- 塩　小さじ1弱
- 酒　大さじ2

［ 作り方 ］

①米は洗って30分水につけ、ざるにあげて水を切っておく。

②鍋に水1と1/2カップ（分量外）と塩を入れて火にかける。沸騰したらうすいえんどう豆を入れ、中火で3分ゆでる。鍋ごと氷水にあてて冷ます。

③炊飯器に米を入れ、②のゆで汁と酒を加え、2合の目盛りまで水を足して普通に炊く。

④炊きあがったら、うすいえんどう豆を加えて混ぜ、少し蒸らしたらおにぎりにする。

前日の仕込み　②のみOK

保存方法　不可

Point!

煮豆は水からあげるとしわが寄るので、鍋に入れたまま冷まし、色止めをする。

2. ベーコン巻きえびフライ

材料（4尾分）

- えび　大4尾
- ベーコン　4枚
- 塩・こしょう　各少々

衣　小麦粉・溶き卵・パン粉　各適量

- 揚げ油　適量

［ 作り方 ］

①えびは尾を残してからをむき、背ワタをとる。油がはねないように、尾の先を少し切って、中の水をしごき出す。腹側に厚さの半分くらいまで4〜5ヶ所切込みを入れ、身をまっすぐにする。塩、こしょうをふり、小麦粉をまぶす。

②えび1尾にベーコン1枚をらせん状に巻きつける。

③小麦粉、溶き卵、パン粉の順に衣をつけて、160℃に熱した油で2〜3分返しながら揚げる。

前日の仕込み　②までOK

保存方法　不可

3. たまねぎ豚カツ

材料（8個分）

- 豚こま切れ肉　250g
- たまねぎ　100g

A　溶き卵　1/2個分
　塩　小さじ1/3
　こしょう　少々

衣　小麦粉・溶き卵・パン粉　各適量

- 揚げ油　適量

［ 作り方 ］

①豚こま切れ肉を2cmくらいのざく切りにする。たまねぎは横半分に切ってから薄切りにする。

② ①とAを合わせてよく練り、8等分にして丸める。

③小麦粉、溶き卵、パン粉の順に衣をつけ、少し平たい丸に成形する。

④160℃に熱した油に入れ、表面がかたまってきたら返し、弱火で5分、強火にして1〜2分、何度か返しながらからりと揚げる。

前日の仕込み　たまねぎを切るのはOK

保存方法　揚げたものを冷凍可

Point!

新たまねぎの季節は特に美味しいです！

4. さわらの西京焼き

材料（4切れ分）

- さわら　小4切れ

A　白みそ　大さじ6
　みりん　大さじ3
　酒　大さじ3

［ 作り方 ］

①さわらに塩少々（分量外）をふって30分おく。Aを合わせておく。

②さわらから出てきた水をふき取り、Aを絡めて保存容器に入れ、冷蔵庫で2日〜1週間おく。

③みそをやさしく洗い流したら水気をふき取り、天板にオーブンシートを敷いて皮目を上にして並べ、220℃のオーブンで10分焼く（グリルやトースターでも可）。

前日の仕込み　2日前までに②まで必須

保存方法　冷凍可（P.13参照）

Point!

さわらをガーゼに包んでつけ込むと、みそを2〜3回使える。

炊き込みごはん弁当

◎ 炊き込みごはん
◎ 長芋とベーコンのオムレツ
◎ ちくわの磯部揚げ
◎ キャベツの甘酢漬け

ちょっぴり手間がかかる炊き込みごはん。でも、具だくさんのごはんがあれば、副菜と漬けものを合わせるだけで、豪華なお弁当になります。ぽってりとしたオムレツは、切らずに盛りつけて、くずしながらごはんと一緒に味わうのも美味しいです。彩りに緑を加えたい時は、大葉が手軽に使えておすすめ。爽やかな香りも和のおかずによく合います。

炊き込みごはん弁当

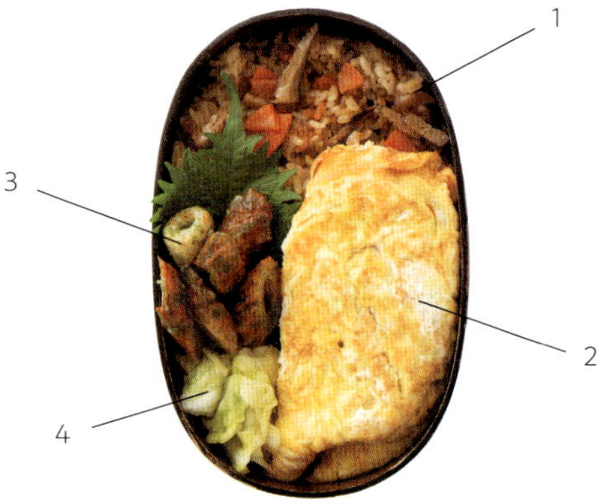

3. ちくわの磯部揚げ

材料（2人分）

• ちくわ　小4本

A 小麦粉　大さじ1
片栗粉　大さじ1/2
水　大さじ1と1/2
青のり　大さじ1/2
塩　少々

• 揚げ油　適量

［ 作り方 ］

①ちくわはななめ3等分に切る。

②Aの衣をつけて中温の油に入れ、転がしながら、少し色付くくらいにかりっと揚げる。（フライパンに多めに油を入れて揚げ焼きにしてもよい）

前日の仕込み　不可

保存方法　不可

point!

ちくわはすぐに火が通るので、色付く程度にさっと揚げる。

4. キャベツの甘酢漬け

材料（作りやすい分量）

• キャベツ　200g
• 塩　小さじ1/2

A 酢　1/4カップ
さとう　大さじ1

［ 作り方 ］

①キャベツは5cm角に切って塩をまぶし、30分おく。

②水気をしっかり絞ってAで和え、味がなじむまで少しおく。（すぐに食べる時は、ビニール袋などに入れて軽くもむとよい）

前日の仕込み　仕上げまでOK

保存方法　冷蔵で約1週間

ふわとろのオムレツの中身は、
塩味がしっかりきいた
長芋とベーコン。
まろやかでコクのある卵と
相性抜群です

1. 炊き込みごはん

材料（作りやすい分量）

- 米2合
- 油揚げ　1/2枚
- こんにゃく　1/4丁
- 干ししいたけ　1枚
- にんじん　1/4本（50g）
- ごぼう　1/4本（50g）

A だし汁　2カップ
（干ししいたけの戻し汁を足しても可）
酒　大さじ2
しょうゆ　大さじ2
さとう　小さじ2弱
塩　小さじ1/4

［ 作り方 ］

①米は洗ってざるにあげ、30分おく。

②油揚げは横半分に切ってから細切りにする。こんにゃくは厚みを4枚にスライスしてから細切りにする。干ししいたけはぬるま湯で戻して水気を絞り、半分に切ってから細切りにする。にんじんはいちょう切り、ごぼうはささがきか短いせん切りにする。

③小鍋に②とAを入れて火にかけ、煮立ったら弱火にして3分煮る。煮汁ごと冷ましておく。

④炊飯器に米と③を煮汁ごと入れ、ひと混ぜして炊く。

前日の仕込み　③までOK

保存方法　不可

Point!

水分が出やすい野菜を炊き込む時は、具材を先に煮て味をなじませておくと、美味しく炊ける。

2. 長芋とベーコンのオムレツ

材料（1人分）

- 長芋　約3cm分（50g）
- ベーコン　1枚
- 卵　2個
- マヨネーズ　大さじ1
- サラダ油　適量
- 塩・こしょう　各少々
- しょうゆ　小さじ1/2

［ 作り方 ］

①長芋は皮をむいて4〜5cm長さの短冊に切る。ベーコンは1cm幅に切る。

②フライパンにサラダ油を熱し、ベーコンと長芋を中火で炒める。長芋のまわりが少し透き通ってきたら、塩、こしょう、しょうゆをふり、ざっくり混ぜて火を止める。

③ボウルに卵とマヨネーズを軽く合わせておく。

④別のフライパンにサラダ油を熱し、強火のまま③を流し入れ、菜箸やヘラなどでぐるぐる混ぜる。かたまってきたら火を弱め、②をまんべんなくちらし、ヘラを使って手早く包む。

前日の仕込み　不可

保存方法　不可

Point!

卵を包む時は、ヘラで右手前を持ち上げて反対側にたたみ、そのまま卵全体をすべらせて奥に移動させる。皿をフライパンに近づけてひっくり返すように落とすと自然と丸く包める。

意外とカンタン いかめし弁当

◎いかめし
◎小松菜塩炒め
◎おからとさつまいものサラダ

やわらかく炊き上げたいかめしを、丸ごとお弁当に！　駅弁さながらのいかめしも、作ってみると意外と簡単。しかも、旬の時期に仕入れれば手頃な価格で味わえます。いかの表面にうま味たっぷりの煮汁をつけたまま、さっと炒めた青菜を敷いて盛りつけるのがおすすめ。あっさりとしたおからのサラダは、ぜひ別のケースに。味が混ざらないので安心です。

いかめし弁当

うま味たっぷりのいかと
むっちりとした食感のもち米。
どちらにも甘辛味がじんわりしみて、
しっとりやわらかな仕上がりに

2. 小松菜塩炒め

材料（2人分）
- 小松菜　1/2把
- サラダ油　大さじ1/2

A 酒　大さじ1
塩　小さじ1/4
水　大さじ1

[作り方]

①小松菜は3cmに切る。Aは合わせておく。

②フライパンにサラダ油を熱し、小松菜を強火で炒める。葉が少ししんなりしたら手早くAを加え、さっと炒める。

前日の仕込み　不可

保存方法　不可

Point!

余熱でも火が入るので、終始強火で手早く仕上げる。

3. おからとさつまいものサラダ

材料（作りやすい分量）
- おから　100g
- さつまいも　中1/2本（100g）
- たまねぎ　1/8個
- きゅうり　1/2本
- ハム　2枚

A さとう　大さじ1/4
酢　大さじ1/2
塩・こしょう　各少々

B マヨネーズ　50g
さつまいもの煮汁　適量

[作り方]

①おからにAで下味をつけておく。

②さつまいもは1cm幅のいちょう切りにして甘煮にして（分量外のさとう大さじ1・水100ccとともに鍋に入れ、弱火でやわらかくなるまで煮る）、煮汁ごと冷ましておく。

③たまねぎは薄切りにし、蒸すかゆでるかして火を通し、冷ましておく。きゅうりは輪切りにして塩（分量外）でもみ、水気が出たら軽く絞る。ハムは半分に切って5mm幅に切る。

④ ①に汁気を切ったさつまいも、③を加え、Bで和える。

前日の仕込み　②③はOK

保存方法　不可

Point!

おからに火通ししないので、新鮮なおからで作る。たまねぎの水気を切らずに加えたり、さつまいもの煮汁を加えることで、しっとりとしたサラダに仕上げる。

1. いかめし

材料（6杯分）

- するめいか（長さ20㎝くらいのもの）　6杯
- もち米　1カップ

A 水　4カップ
酒　1/3カップ
さとう　大さじ4
しょうゆ　75cc

［ 作り方 ］

①もち米は洗って30分～1時間水につけたらざるにあげておく。

②いかは足を引っ張って内臓と軟骨を取り出し、きれいに洗って水気をきる。足は内臓から切り離して吸盤をしごき取るように洗い、水気を切っておく。

③いかにもち米を5～6分目まで詰めて、ようじで縫うように留める。

④鍋にAを煮立て、③と下足を入れて弱火にし、ふたをして1時間ほど煮詰めないように注意しながら煮る（煮汁にいか全体がつからないようなら、途中で上下を入れ替える）。

前日の仕込み　仕上げまでまたは③までOK

保存方法　煮汁にひたして冷蔵で約3日間

Point!

ふたがぴったりと閉まる鍋で弱火で煮ると、いかがやわらかく仕上がる。

てりやき弁当

◎ いわしのかば焼き
◎ キャベツと大葉の塩もみ
◎ パッタンたまご
◎ さつまいもとブロッコリーのサラダ
◎ 切り干し大根

甘辛くやわらかな、いわしのかば焼きをメインにした、ごはんがすすむ和風弁当です。切り干し大根はたっぷりの量で作る方が美味しく炊け、冷凍保存もＯＫ。もう一品欲しい時のおかずに、作っておくと重宝します。パッタンたまごは、フライパンに卵を割りくずし、具を挟んで焼くだけ。ぜひ、お好きな具でアレンジしてみてください。

てりやき弁当

4. さつまいもとブロッコリーのサラダ

材料（作りやすい分量）

- さつまいも　中1本（200g）
- ブロッコリー　1/8個
- ゆで卵　1個

A マヨネーズ　大さじ3
粒マスタード　大さじ1
塩・こしょう　各少々

[作り方]

①さつまいもは1cm幅のいちょう切りにして蒸し器で火が通るまで蒸す。塩、こしょうをふって冷ます。

②ブロッコリーは小房に分け、さっと塩ゆでして手早く冷ます。

③ゆで卵はざく切りにする。

④ ①、②、③をAで和える。

前日の仕込み　②までOK

保存方法　不可

5. 切り干し大根

材料（作りやすい分量）

- 切り干し大根　60g
- にんじん　1/3本（70g）
- 油揚げ　1枚

A だし汁　2カップ
酒　大さじ1
さとう　大さじ1
みりん　大さじ2
うす口しょうゆ　大さじ2
しょうゆ　大さじ1/2

[作り方]

①切り干し大根は水につけ、しんなりしたらいったん水を切り、塩小さじ1（分量外）をまぶしてしっかりもむ。塩を洗い流して再び水に30分つける。絞って長ければ2つ3つに切る。

②にんじんは太めのせん切りに、油揚げは横半分に切ってから1cm幅に切る。

③鍋に①を入れてかぶるくらいの水を加え、ふたをして火にかける。煮立ったら弱火にして5分ゆでる。ざるにあげ、ざると同じ大きさのボウルで押してしっかり水を切る。

④鍋に②③とAを入れてふたをし、切り干し大根がやわらかくなるまで途中何回か混ぜながら、20分ほど弱火で煮る。

前日の仕込み　仕上げまで、または②までOK

保存方法　冷蔵で約5日間
冷凍も可（P.13参照）

Point!
弱火でコトコト煮含める。

のり、たらこ、カイワレ菜を挟んだ
パッタンたまごは、
さまざまな味と食感がお楽しみ。
甘辛味の定番、かば焼きとも名コンビです

1. いわしのかば焼き

材料（2尾分）

- いわし　2尾
- 小麦粉　少々
- 照り焼きダレ（P.63参照）　大さじ3

[作り方]

①いわしは開いて小麦粉をまぶす。

②フライパンにサラダ油（分量外）を熱し、中火で両面こんがり焼く。

③余分な油をふき取り、照り焼きダレを加えて絡める。

前日の仕込み　不可　保存方法　不可

2. キャベツと大葉の塩もみ

材料（2人分）

- キャベツ　2枚
- 大葉　2枚
- 塩　小さじ1/3

[作り方]

①キャベツは短冊に切る。大葉は5mm幅に切る。

②ボウルに①を入れ、塩をふって軽くもむ。しばらくおいて水気をしっかり絞る。

前日の仕込み　①までOK　保存方法　不可

3. パッタンたまご

材料（2人分）

- 卵　2個
- 味付けのり　2枚
- たらこ　1/2腹
- しょうゆ　少々
- カイワレ菜　少々

[作り方]

①たらこはほぐしておく。

②フライパンにサラダ油（分量外）を熱し、中火にして卵を1つずつ割り落とし、黄味を少しくずす。

③のり、たらこ、カイワレ菜をそれぞれにのせて2つに折り、両面を焼く。表面がかたまったら、仕上げにしょうゆを数滴かける。

前日の仕込み　不可

保存方法　不可

コロッケ弁当

◎ポテトコロッケ
◎マカロニサラダ
◎大根そぼろきんぴら
◎小松菜煮びたし
◎金時豆甘煮

コロッケや青菜の煮浸し、煮豆など、定番メニューばかりですが、味、調理法、食感のバランスがいいので、飽きずに食べられて満足感もあります。煮浸しやきんぴらなど、スタンダードな料理ほど火加減やゆで時間に気を配り、仕上がりのイメージをしっかり持つことが大切。好みもあるので、何度も作るなかでタイミングを体得してください。

コロッケ弁当

3. 大根そぼろきんぴら

アレンジレシピ P.58

材料（作りやすい分量）

- 豚ひき肉　100g
- 葉つきの大根　10㎝分（400g）
- にんじん　1/3本（70g）
- たかのつめ　1/2本
- ごま油　大さじ1/2

A 酒　大さじ2
みりん　大さじ2
さとう　小さじ2
しょうゆ　大さじ2

［ 作り方 ］

①大根は7mm角、5㎝長さの棒状に切る。にんじんは太めのせん切り。たかのつめは種をとって小口切りにする。大根葉は刻んでおく

②中華鍋にごま油を熱し、中火でひき肉とたかのつめを炒める。肉の色が変わったら、大根とにんじんも加えて炒める。

③全体に油がまわったら、Aを加えて強火で水分がなくなるまで炒め、仕上げに大根葉も加える。

前日の仕込み　仕上げまでまたは①までOK

保存方法　冷蔵で約3日間

Point!
大根から水分が出てくるので、「煮る」になってしまわないように、強めの火加減で仕上げていく。コリッとしていても美味しいので、かために仕上げるくらいがおすすめ

4. 小松菜煮びたし

材料（作りやすい分量）

- 小松菜　1把
- 油揚げ　1枚

A だし汁　1と1/2カップ
しょうゆ　大さじ1強
みりん　大さじ1
酒　大さじ1
さとう　小さじ1

［ 作り方 ］

①小松菜は3～4cmに切る。油揚げは横半分に切ってから1cm幅に切る。

②Aを煮立てて油揚げを入れ、中火で1～2分煮る。強火にして小松菜を加え、ひと混ぜしてさっと煮る。

前日の仕込み　仕上げまでまたは①までOK

保存方法　冷蔵で約3日間

5. 金時豆甘煮

材料（作りやすい分量）

- 金時豆　250g
- さとう　75g
- 塩　小さじ1/4
- しょうゆ　少々

［ 作り方 ］

①金時豆は鍋に入れ、たっぷりの水を加えて一晩おく。

②そのまま火にかけて一度ゆでこぼしたら鍋に戻し、かぶるくらいの水を加えて再び火にかける。煮立ったらアクを取り、さとうと塩を加え、煮くずれないように紙ぶたをして弱火で30分～1時間煮る（煮える時間は豆によって差がある）。

③豆がやわらかくなったら、しょうゆ数滴を加え、つぶれないように軽く鍋をゆすり、煮汁を全体にまわす。（仕上げのしょうゆは隠し味。ほんの少し加えることで、甘さが引き立つ）

前日の仕込み　仕上げまでOK

保存方法　冷蔵で約5日間
冷凍も可（P.13参照）

Point!
煮始めにさとうを加えると、煮くずれしにくい。

みんな大好きなコロッケは、
外はカリッ、中はほっくり。
お肉とたまねぎの
うま味がじわっと広がる、
ちょっぴり懐かしい味わいです

1. ポテトコロッケ

材料（8～10個分）

- 豚ひき肉　100g
- たまねぎ　120g
- じゃがいも　600g
- バター（無塩）　15g

A 酒　大さじ1
さとう　大さじ1弱
しょうゆ　大さじ1弱
塩　小さじ3/4
こしょう　少々
ナツメグ　少々

衣　小麦粉・溶き卵・パン粉　各適量

[作り方]

①たまねぎはみじん切りにする。フライパンにバターを熱し、たまねぎと豚ひき肉を炒める。ひき肉に火が通ったらAを加え、汁気がなくなってたまねぎがとろっとするまで弱火でじっくり炒める。

②じゃがいもは皮をむいて大きめに切り、水にさらす。ざるに入れて蒸し器で蒸し、火が通ったらすりこぎでつぶして①を加え、混ぜる。

③冷めたら好みの大きさに8～10個に丸めて、小麦粉、溶き卵、パン粉の順に衣をつける。

④160℃に熱した油に入れ、転がしながら5分ほどこんがり色付くまで揚げる。

前日の仕込み　たまねぎのみじん切りとじゃがいもを切って水をはった容器に入れておくまではOK（P.9参照）

保存方法　揚げたものを冷凍可（P.13参照）

Point!

たまねぎの食感が残らなくなるくらいまで、しっかり炒めておくとうま味が増して美味しい。

2. マカロニサラダ

材料（作りやすい分量）

- マカロニ　80g
- ハム　2枚
- たまねぎ　大1/4個（80g）
- にんじん　少々
- きゅうり　1/2本

A 塩　少々
こしょう　少々
酢　小さじ1
サラダ油　小さじ1

B マヨネーズ　50g
さとう　少々
しょうゆ　少々

[作り方]

①マカロニは表示より少し長くやわらかめにゆでる。ざるにあげて水で洗ったら、しっかり水気を切ってボウルに移し、Aで下味をつけておく。

②ハムは半分に切って5mm幅に切る。たまねぎは薄切りにし、蒸すかゆでるかして火を通し、冷ましておく。にんじんはせん切りに、きゅうりは縦半分に切ってからななめ薄切りにし、一緒に塩もみをして水気を絞る。

③ ①に②を加え、Bで和える。

前日の仕込み　仕上げまでまたは②までOK

保存方法　冷蔵で約2日間

Point!

マカロニは水で洗うとしまるので、少しやわらかめにゆでて味をしみ込みやすくしておく。

ごぼうと
まいたけのきんぴら

材料(作りやすい分量)

- ごぼう　1本(200g)
- まいたけ　1パック
- たかのつめ　1/2本
- ごま油　大さじ1

A さとう　大さじ1
みりん　大さじ1
しょうゆ　大さじ1と1/3

[作り方]

①ごぼうは細切りかささがきにして水にさらし、ざるにあげて水気を切っておく。まいたけはほぐし、たかのつめは種を取って小口切りにする。

②鍋にごま油を熱し、たかのつめとごぼうを強火で炒める。しんなりしたらAとまいたけを加え、汁気がなくなるまで炒める。

前日の仕込み　**仕上げまで、または①までOK**

保存方法　**冷蔵で約3日間 冷凍も可**

Point!

「煮る」にならないように強めの火加減で炒めると、シャキシャキとした食感に仕上がる。

ちくわとセロリの
きんぴら

材料(作りやすい分量)

- セロリ(葉柄:茎)　1本
- ちくわ　小2本
- ごま油　大さじ1
- 白ごま　小さじ1

A 酒　小さじ2
さとう　小さじ1
しょうゆ　小さじ2
みりん　小さじ1

[作り方]

①セロリとちくわは5mm幅のななめ切りにする。

②鍋にごま油を熱し、強火でセロリとちくわを炒め、油がまわったらAを加えて汁気がなくなるまで炒める。火を止めて白ごまを混ぜる。

前日の仕込み　**①までOK**

保存方法　**冷蔵で約2日間**

Point!

セロリとちくわは生でも食べられるので、終始強火で短時間で仕上げる。

カレーソーセージ
きんぴら

材料(作りやすい分量)

- ごぼう　1本(200g)
- にんじん　1/2本(100g)
- ピーマン　2個
- ウィンナー　4本
- カレー粉　大さじ2/3
- サラダ油　大さじ1

A 酒　大さじ1
さとう　大さじ1と1/2
しょうゆ　大さじ2
水　1/2カップ

[作り方]

①ごぼうはたわしで洗って5mm角、5㎝長さの棒状に切る。にんじんは太めのせん切り、ピーマンは5mm幅に切る。ウィンナーは縦半分に切ってからななめ5mm幅に切る。

②鍋にサラダ油を熱して、ごぼう、にんじんを炒め、カレー粉をふりかけてさらに1〜2分中火で炒める。Aとソーセージを加え、ふたをして5分ほど蒸し煮にする。

③ふたを取り、強火にして汁気をとばし、ピーマンを加えてさっと炒める。

前日の仕込み　**仕上げまで、または①のごぼう以外はOK**

保存方法　**冷蔵で約3日間**

Point!

ピーマンを最後に加えて手早く炒め、歯応えと色の鮮やかさが残るようにする。

アレンジ
レシピ

きんぴら

同じ野菜でも
切り方を変えるだけで、
食感も味わいも
変わってきます

甘辛ポークソテー丼ぶり弁当

◎ 甘辛ポークソテー丼ぶり
◎ 大豆ポテトサラダ
◎ プチトマトのしょうが酢和え

お肉を存分に味わえるこんなお弁当も、時にはうれしいもの。ごはんに野菜をたっぷり敷き、豚肉に自家製照り焼きダレを絡めてドーンとのせます。甘辛くジューシーなポークソテーには、ごはん多めはお約束！　脇役には、豆のふくよかな味わいを楽しめるポテトサラダと、ガリのような酸味でメインの料理を引き立てる、しょうが風味のトマトを。

甘辛ポークソテー丼ぶり弁当

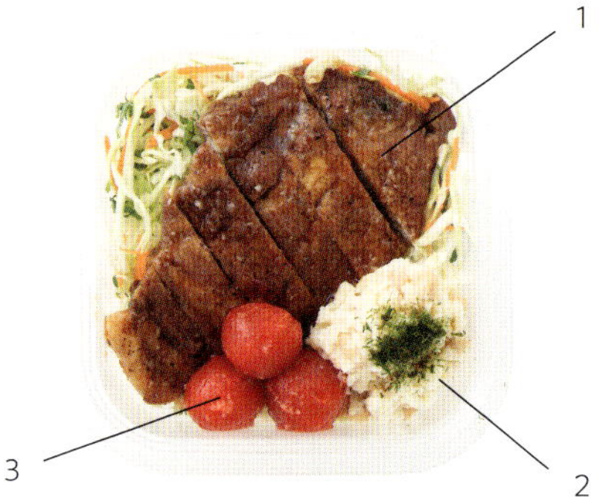

2. 大豆ポテトサラダ

材料（作りやすい分量）

- じゃがいも　大2個（250g）
- 蒸し大豆　100g
- 塩　小さじ1/3
- マヨネーズ　大さじ2
- 青のり　適量

［ 作り方 ］

①鍋に2cm角に切ったじゃがいもを入れ、かぶるくらいの水を加えて火にかけ、煮立ったら弱火にする。

②じゃがいもに火が通ったら大豆を加える。2〜3分ゆでてざるにあげ、すぐにボウルに移して塩を加え、混ぜる。粗熱が取れたらマヨネーズで和えて冷ます。

③完全に冷めたら青のりを混ぜる。

前日の仕込み　**仕上げまで、またはじゃがもを切って水をはった容器に入れておくのはOK（P.9参照）**

保存方法　**冷蔵で約3日間**

point!

じゃがいもはざるにあげると水分がどんどんとんでパラパラになるので、しっかり水を切らずに手早くボウルに移し、しっとり感を保ったまま味をつけて仕上げていく。

3. プチトマトの しょうが酢和え

材料（作りやすい分量）

- プチトマト　10個（150g）

A おろししょうが　小さじ1/2
　酢　大さじ1
　さとう　大さじ1/2
　塩　少々

［ 作り方 ］

①プチトマトを湯むきして（熱湯に10秒ほどくぐらせて冷水に取り、水気を切って皮をむく）、Aで和える。

前日の仕込み　**仕上げまでOK**

保存方法　**冷蔵で約3日間**

point!

トマトの皮が手でむきにくい場合は、包丁を使ってむく。

深底の容器に
丼ぶりのように盛りつけてみました。
お肉のタレがしみた生野菜も
しなっと美味しく、
どんどん食べられます!

1. 甘辛ポークソテー丼ぶり

材料（2人分）

- 豚肩ロースカツ用　2枚（1枚120g）
- キャベツ　適量
- にんじん　適量
- 大葉　適量
- 照り焼きダレ　大さじ4
- ごはん　茶碗2杯分

［ 作り方 ］

①豚肉は筋切りをしてめん棒で軽くたたいて薄くする。塩、こしょう（ともに分量外）をしておく。

②キャベツ、にんじん、大葉はせん切りにして合わせておく。

③豚肉に小麦粉をまぶし、サラダ油少々（分量外）を熱したフライパンで、両面こんがり焼き色がつくまで中火で焼き、ふたをして弱火で5分焼く。

④ふたを取って余分な油をキッチンペーパーでふき取り、照り焼きダレを加えて中火で煮絡める。取り出して食べやすい大きさに切る。

⑤ごはんにフライパンに残ったタレを少しかけ、②の野菜を敷いて④をのせる。

前日の仕込み　不可

保存方法　不可

Point!

豚肉はロースでも美味しい。冷めると若干かたくなるので、食べやすいように薄めのもので作るのがおすすめ。

照り焼きダレ

材料（作りやすい分量）

- みりん　1カップ
- しょうゆ　1/2カップ
- さとう　大さじ2

［ 作り方 ］

①みりんを火にかけて煮切る。

②しょうゆ、さとうを加え、ふきこぼれないように弱火で5分ほど煮詰める。

保存方法　冷蔵で約1ヵ月間

メンチカツ弁当

◎キャベツメンチカツ
◎ポテトサラダ
◎ひじきの煮物
◎カリフラワーのカレーフリッター
◎チンゲン菜の梅じゃこ和え

お肉に野菜をたっぷり混ぜ込んだ、かもめ食堂で定番のメンチカツは、ボリュームはしっかりあっても後味はあっさり。塩味がきいているので、ソースがなくてもおかずになります。副菜にマスタードがほんのり香るポテトサラダを合わせ、甘辛い煮物やカレー風味のおかずを少しずつ添えれば、バリエーション豊かなお弁当の完成です。

3. ひじきの煮物

材料（作りやすい分量）

- ひじき　40g
- にんじん　80g
- こんにゃく　1/2丁
- 油揚げ　1枚
- 蒸し大豆　80g

A　だし汁　2と1/2カップ
　酒　大さじ2と1/2
　さとう　大さじ3と1/2
　塩　小さじ1/3
　しょうゆ　大さじ2

［ 作り方 ］

①ひじきは水で戻し、洗って砂を落とす。鍋にひじきと水を入れて火にかけ、沸騰したらざるにあげ、ざると同じ大きさのボウルで押してしっかり水を切って鍋に戻す。

②にんじんは太めのせん切りにする。こんにゃくは厚みを4枚にスライスしてから細切りにし、ゆでてアク抜きをしておく。油揚げは横半分に切ってから細切りにする。

③ ①に②、蒸し大豆、Aを加えて強火にかける。煮立ったら強めの中火にして、何回か混ぜながら煮汁が1/3になるまで15分ほど煮る。

前日の仕込み　仕上げまでOK

保存方法　冷蔵で約5日間
冷凍も可(P.13参照)

4. カリフラワーのカレーフリッター

材料（作りやすい分量）

- カリフラワー　1/4株

A　小麦粉　1/4カップ
　片栗粉　大さじ1
　水　50cc
　カレー粉　小さじ1/2
　塩　ひとつまみ

［ 作り方 ］

①カリフラワーは小房に分け、Aの衣をつけて160℃の油で、少し色付くくらいにかりっと揚げる。

②揚げたてに塩少々(分量外)をふる。

前日の仕込み　不可

保存方法　不可

5. チンゲン菜の梅じゃこ和え

材料（作りやすい分量）

- チンゲン菜　1株
- じゃこ　大さじ1
- 梅肉　大さじ1/2
- しょうゆ　少々

［ 作り方 ］

①チンゲン菜は2～3cmに切り、さっと塩ゆでしたら冷水に取る。

②チンゲン菜の水気を絞ってじゃこと梅肉で和え、しょうゆで味を調える。

前日の仕込み　①までOK

保存方法　不可

ゴロンと厚みがあるメンチカツ。
みっちりと中身が詰まっていますが、
キャベツとたまねぎたっぷりで
軽やかな後味です

1. キャベツメンチカツ

材料（4個分）

アレンジレシピ P.68

- 豚ひき肉　150g
- たまねぎ　60g
- キャベツ　60g
- パン粉　大さじ2
- 溶き卵　1/3個分
- 塩　小さじ1/4
- こしょう　少々
- ナツメグ　少々

衣　小麦粉・溶き卵・パン粉　各適量

- 揚げ油　適量

[作り方]

①たまねぎは粗みじんに切る。サラダ油（分量外）を熱し、強火で水分をとばすようにさっと炒めて冷ましておく。

②キャベツは5mm幅に切る。

③豚ひき肉に塩、こしょう、ナツメグを加え、粘りが出るまでよく練る。

④ ①パン粉、溶き卵も加えて、さらによく練る。

⑤キャベツを加えて混ぜ、よくなじませる。

⑥4等分にして丸め、小麦粉、溶き卵、パン粉の順に衣をつける。160℃に熱した油に入れ、表面がかたまってきたら返し、弱火で5分、強火にして1～2分、何度か返しながらからりと揚げる。

前日の仕込み　①②までOK

保存方法　揚げたものを冷凍可（P.13参照）

2. ポテトサラダ

材料（作りやすい分量）

アレンジレシピ P.70

- じゃがいも　大4個（500g）
- たまねぎ　大1/4個（80g）
- にんじん　中1/4本（50g）
- きゅうり　小1本
- りんご　1/4個

A 塩　少々
こしょう　少々
酢　大さじ1

B マヨネーズ　100g
粒マスタード　大さじ1

[作り方]

①じゃがいもは皮をむいて2cm角に切る。たまねぎは横半分に切って薄切りに、にんじんはいちょう切りにする。それぞれざるに入れて蒸し器で火が通るまで蒸す。

②蒸しあがったら、たまねぎとにんじんはそのまま冷ます。じゃがいもはボウルに移しAで下味をつけ、ゴムベラでざっくりつぶしながら混ぜたら冷ます（角が取れないようなら、少しすりこぎでつぶす）。

③きゅうりは輪切りにし、塩少々（分量外）を加えてもむ。しばらくおいて水気が出たらしっかり絞る。

④りんごはいちょう切りにして塩水につけ、ざるにあげて水気を切る。

⑤じゃがいもに、たまねぎ、にんじん、きゅうり、りんごを加え、Bで和える。

前日の仕込み　仕上げまでOK

保存方法　冷蔵で約3日間

水分が出ないようにしっかり処理をしていれば、
季節の野菜でアレンジできます。
たまねぎは細かくすると水分が出やすいので、
粗みじんに切って水分を飛ばすように炒めて

アレンジレシピ

メンチカツ

基本のメンチカツ

材料（4個分）

- 豚ひき肉　150g
- たまねぎ　60g
- 各メイン野菜 ※
- パン粉　大さじ2
- 溶き卵　1/3個分
- 塩　小さじ1/4
- こしょう　少々
- ナツメグ　少々

衣
小麦粉・溶き卵・パン粉　各適量

- 揚げ油　適量

［ 作り方 ］

①たまねぎは粗みじんに切り、サラダ油で炒めて冷ましておく。

②メイン野菜の下準備 ※

③豚ひき肉に塩、こしょう、ナツメグを加えてよく練る。

④ ①、パン粉、溶き卵も加えて、さらによく練る。

⑤ ②を加えて混ぜ、よくなじませる。

⑥4等分にして丸め、小麦粉、溶き卵、パン粉の順に衣をつける。160℃に熱した油に入れ、表面がかたまってきたら返し、弱火にして5分、強火にして1～2分、何度か返しながらからりと揚げる。

保存方法　**すべて揚げたものを冷凍可（P.13参照）**

れんこんのメンチカツ

材料（4個分）

上記にプラス　・れんこん　60g

［ 作り方 ］

①上記同じ

②れんこんは5mm角に切って酢水にさらし、ざるにあげてよく水気を切っておく。

③～⑥上記同じ

前日の仕込み　**②まで OK**

なすのメンチカツ

材料（4個分）

上記にプラス　・なす　1本

［ 作り方 ］

①上記同じ

②なすは1.5cm角に切り、塩少々（分量外）を加えてもむ。2～3分おいてしんなりしたら、水気をぎゅっと絞る。

③～⑥上記同じ

前日の仕込み　**①まで OK**

point!
肉に加えるなすは塩でもみ、アク取りと水出しをしておく。

ニラともやしのメンチカツ

材料（4 個分）

上記にプラス
・太もやし　1/4パック（50g）　・ニラ　1/4束

［ 作り方 ］

①上記同じ

②太もやしは洗ってざるにあげ、水気をしっかり切っておく。ニラは1cmに切る。

③～⑥上記同じ

前日の仕込み　**②まで OK**

ブロッコリーのメンチカツ

材料（4 個分）

上記にプラス　・ブロッコリー　60g

［ 作り方 ］

①上記同じ

②ブロッコリーは粗く刻む。茎の部分は厚めに皮をむき、1cm角に切る。

③～⑥上記同じ

前日の仕込み　**②まで OK**

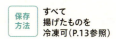

カレーポテトサラダ

材料(作りやすい分量)
- じゃがいも　大4個(500g)
- たまねぎ　大1/4個(80g)
- にんじん　中1/4本(50g)
- きゅうり　1本　・ゆで卵　2個
- ウィンナー　4本

A 塩・こしょう　各少々
　酢　大さじ1

B マヨネーズ　100g
　カレー粉　大さじ1
　オイスターソース　大さじ2/3
　しょうゆ　小さじ1

[作り方]

①じゃがいもは皮をむいて2cm角に切る。たまねぎも2cm角に切る。にんじんは3mm厚さのいちょう切りにする。それぞれざるに入れて、蒸し器でやわらかくなるまで蒸す。

②蒸し上がったら、たまねぎ、にんじんはそのまま冷ましておく。じゃがいもはボウルに移し、Aで下味をつけて冷ましておく。

③きゅうりは小さい乱切りにして塩少々(分量外)を加えてもみ、しんなりしたら水気を絞る。ゆで卵はざく切りにする。ウィンナーは1cm幅の輪切りにし、サラダ油で炒めて冷ましておく。

④ ②と③をBで和える。

前日の仕込み　仕上げまでOK
保存方法　冷蔵で約3日間

黒ごまポテトサラダ

材料(作りやすい分量)
- じゃがいも　大4個(500g)
- きゅうり　1本　・コーン缶(粒)　50g

A 塩・こしょう　各少々
　酢　大さじ1

B マヨネーズ　70g
　黒ごま(する)　大さじ3
　しょうゆ　小さじ1

[作り方]

①じゃがいもは皮をむいて2cm角に切る。ざるに入れて蒸し器でやわらかくなるまで蒸す。蒸し上がったらボウルに移し、Aで下味をつけて冷ましておく(好みでじゃがいもをつぶしてもよい)。

②きゅうりは薄い輪切りにして塩少々(分量外)を加えてもみ、しんなりしたら水気を絞る。コーン缶はざるにあげて缶汁を切っておく。

③ ①と②をBで和える。

前日の仕込み　仕上げまでOK
保存方法　冷蔵で約3日間

桜えびと青のりのポテトサラダ

材料(作りやすい分量)
- じゃがいも　大4個(500g)
- たまねぎ　大1/4個(80g)
- 桜えび　10g

A 塩・こしょう　各少々
　酢　大さじ1

B マヨネーズ　70g
　青のり　適量
　しょうゆ　小さじ1

[作り方]

①じゃがいもは皮をむいて2cm角に切る。たまねぎは横半分に切ってから薄く切る。それぞれざるに入れて蒸し器でやわらかくなるまで蒸す。

②蒸し上がったらたまねぎはそのまま冷ましておく。じゃがいもはボウルに移し、Aで下味をつけて冷ましておく(好みでじゃがいもをつぶしてもよい)。

③桜えびはフライパンで、香ばしくなるまで空煎りする。

④ ②と③をBで和える。

前日の仕込み　仕上げまでOK
保存方法　冷蔵で約3日間

菜の花と卵のポテトサラダ

材料(作りやすい分量)
- じゃがいも　大4個(500g)
- たまねぎ　大1/4個(80g)
- 菜の花　1束　・ゆで卵　2個

A 塩・こしょう　各少々
　酢　大さじ1

B マヨネーズ　70g
　しょうゆ　小さじ1

[作り方]

①じゃがいもは皮をむいて2cm角に切る。たまねぎは横半分に切ってから薄切りにする。それぞれざるに入れて蒸し器でやわらかくなるまで蒸す。

②蒸し上がったらたまねぎはそのまま冷ましておく。じゃがいもはボウルに移し、Aで下味をつけて冷ましておく(好みでじゃがいもをつぶしてもよい)。

③菜の花はさっと1分ほど塩ゆでして冷水に取り、絞って1cm長さに切る。ゆで卵はざく切りにする。

④ ②と③をBで和える。

前日の仕込み　仕上げまでOK
保存方法　冷蔵で約3日間

アレンジレシピ

ポテサラ

桜えびと青のりのポテトサラダ

カレーポテトサラダ

黒ごまポテトサラダ

菜の花と卵のポテトサラダ

蒸して冷ましてと
時間のかかるポテトサラダは、
前日に作っておくのがおすすめです。
味がなじんで美味しくなります

運動会弁当

あれこれ並ぶお弁当は
家族みんなのお楽しみ。

牛・豚・鶏と、お肉のおかず
3種を盛り合わせた、スタミナ満点のお弁当です。
下ごしらえにひと手間かけた鶏のからあげは、
時間が経ってもしっとりとやわらかく、
小さなお子さんはもちろん、
おじいちゃんもおばあちゃんも
家族みんなで楽しめるはず。
かぶの浅漬けなど、箸休めの一品を
添えるのもお忘れなく。
ほんのり甘い大学芋は
食後のお楽しみに。

◎ 鶏のから揚げ
◎ さんまの甘露煮
◎ シュウマイ
◎ 牛れんこん
◎ かぶのさっと漬け
◎ さつまいもの大学芋風
◎ だしまき卵

から揚げの衣には、
味を包み込みしっとりと
仕上がる小麦粉と、
さくさくとした
食感になる片栗粉、
両方を使います

5. かぶの さっと漬け

材料（作りやすい分量）

- かぶ　2個（250g）

A 塩　小さじ1/2
　酢　小さじ1

［ 作り方 ］

①かぶは薄いいちょう切りにする。葉のやわらかいところを2㎝に切る。

②ボウルに①を入れ、Aを加えてもむ。5分おいて汁気をしっかり絞る。

前日の仕込み　仕上げまでOK

保存方法　冷蔵で約3日間

6. さつまいもの 大学芋風

材料（作りやすい分量）

- さつまいも　中1本（200g）
- はちみつ　大さじ2
- 黒ごま　適量

［ 作り方 ］

①さつまいもは乱切りにして、切ったそばから素揚げにする。

②フライパンにはちみつを入れて中火にかけ、さらっとなったらさつまいもを入れて絡め、火を止めて黒ごまをふる。

前日の仕込み　不可

保存方法　不可

Point!

さつまいもはすぐにアクが出てくるので、切ったらすぐに油で揚げる。（水にさらしてアク抜きをする場合は、しっかり水をふき取ってから揚げる）

7. だしまき卵

材料（作りやすい分量）

- 卵　4個

A だし汁　70cc
　うす口しょうゆ　小さじ1
　塩　ひとつまみ
　みりん　少々

［ 作り方 ］

①卵は軽く溶き、Aを加えて混ぜる。

②卵焼き器（または、卵焼き用のフライパン）にサラダ油（分量外）を適宜ひき、中火で3〜4回に分けて巻いていく。粗熱が取れたら適当な大きさに切り分ける。

前日の仕込み　不可

保存方法　不可

Point!

卵のコシを折らないように軽く溶くことで、ふんわりと仕上がる。

1. 鶏のから揚げ
（ししとうから揚げ）

材料（作りやすい分量）

- 鶏もも肉　350g
- ししとう　8本
- 溶き卵　1/2個分
- 揚げ油　適量

A　おろししょうが　小さじ1/2
酒　大さじ2
しょうゆ　大さじ1と1/2
ごま油　小さじ1

B　小麦粉　大さじ3
片栗粉　大さじ3

［作り方］

①鶏肉は一口大に切って、Aをもみ込んで30分以上おく。溶き卵も加えてもみ込み、さらに30分おく。

②汁気を切った鶏肉にBをまぶし、皮で全体を包むようなイメージで丸くする。160℃の油に入れ、表面がかたまってきたら返し130℃にして5分、高温にして1〜2分、からりと揚げる。

③ししとうは破裂しないように包丁の先で2〜3ヶ所穴を開け、さっと素揚げにする。

前日の仕込み　①まで OK

保存方法　不可

Point!

鶏肉に溶き卵をもみ込んでおくと、卵が水分を保ち冷めてもしっとりやわらかくなり、べちゃっとしない。

2. さんまの甘露煮

材料（5尾分）

- さんま　5尾
- しょうが　2かけ

A　ざらめ　125g
しょうゆ　60cc
酒　75cc

［作り方］

①さんまは、頭と尾びれを落とし、4等分の筒切りにする。内臓を取り除いてきれいに洗い、水気をふき取っておく。しょうがはせん切りにする。

②きっちりふたが閉まる鍋にさんまを並べ、しょうがとAを入れて火にかける。煮立ったら紙ぶたと鍋ぶたをして、ごく弱火で1時間ほど、煮詰まらないように注意しながら煮汁がほとんどなくなるまで煮る。

前日の仕込み　仕上げまで OK

保存方法　冷蔵で約2週間 冷凍も可

Point!

ざらめを加えて煮るとコクが出る。ざらめがある程度溶けるまでは煮汁をスプーンなどでかけながら煮て、溶けた後はさわらないように。

3. シュウマイ

材料（22〜24個分）

- 豚ひき肉　200g
- しょうが　15g
- 白ねぎ　50g
- たまねぎ　200g
- 片栗粉　1/3カップ
- シュウマイの皮　1袋（22〜24枚）

A　塩　小さじ1/2
みりん　大さじ1
しょうゆ　大さじ1
ごま油　大さじ1/2

- しょうゆ　適宜
- ポン酢　適宜

［作り方］

①白ねぎ、しょうがはみじん切りにする。たまねぎは5mm角に切って片栗粉をまぶしておく。

②豚ひき肉に白ねぎ、しょうが、Aを加えてよく練る。たまねぎも加え、片栗粉がはがれてこないようにさっくりと混ぜる。

③②をシュウマイの皮で包んで蒸し器に並べ、強火で10分蒸す。好みでしょうゆかポン酢を添える。

前日の仕込み　白ねぎ、しょうが、たまねぎを切っておくまではOK

保存方法　蒸したものを冷凍可

Point!

たまねぎに片栗粉をまぶしておくと、肉ダネとのなじみもよく水分も出てこない。

4. 牛れんこん

材料（作りやすい分量）

アレンジレシピ P.76

- 牛こま切れ肉　150g
- れんこん　中2個（400g）
- しょうが　1かけ
- サラダ油　大さじ2

A　酒　大さじ2
みりん　大さじ2
さとう　大さじ2と1/2
しょうゆ　大さじ3

［作り方］

①れんこんは乱切りにして水にさらし、ざるにあげて水気を切る。しょうがはせん切りにする。

②鍋にサラダ油を熱し、牛肉としょうがを中火で炒める。牛肉に半分くらい火が通ったられんこんを入れ、さらに炒める。

③油がまわったらAを加えてふたをし、弱〜中火で10分煮る。ふたを取って強火にし、煮汁が少なくなるまで混ぜながら煮る。

前日の仕込み　仕上げまで OK

保存方法　冷蔵で 約5日間

アレンジレシピ

しぐれ煮

調味料を加える前に
しっかり炒めておくと、
味がしみ込みやすくなり、
照りも出てとろっとした食感に

基本のしぐれ煮

材料（作りやすい分量）

- 牛こまぎれ肉　150g
- 各メイン野菜
- しょうが　1かけ
- サラダ油　大さじ2

A
- 酒　大さじ2
- みりん　大さじ2
- さとう　大さじ2と1/2
- しょうゆ　大さじ3

前日の仕込み　仕上げまでOK

保存方法　冷蔵で約1週間

牛ごぼう

材料（作りやすい分量）

上記にプラス

- ごぼう　2本（400g）

［ 作り方 ］

①ごぼうはたわしでこすって洗い、5mm幅のななめ切りにする。しょうがはせん切りにする。

たけのこのしぐれ煮

材料（作りやすい分量）

上記にプラス

- ゆでたけのこ　400g

［ 作り方 ］

①たけのこは食べやすい大きさに切る。しょうがはせん切りにする。

なすのしぐれ煮

材料（作りやすい分量）

上記にプラス

- なす　中6本

［ 作り方 ］

①なすは皮をむいて縦6等分に切り、長さを半分に切る。塩水に5分さらしてアク抜きをしたら、ざるにあげて水気を切っておく。しょうがはせん切りにする。

〈共通〉

②鍋にサラダ油を熱し、牛肉としょうがを入れて炒める。牛肉に半分くらい火が通ったら※各メイン野菜を加え、全体にしっかり油がまわるように炒める。

③油がまわったらAを加え、ふたをして弱～中火で時々混ぜながら10分煮る（10分くらいで煮汁が少なくなっているような火加減がよい）。ふたを取って強火にし、全体を返しながら煮汁がなくなるまで煮る。

六甲かもめ食堂のおそうざい

かもめ食堂でおなじみのおそうざいには、まだまだお弁当におすすめのメニューがたくさんあります。ここからは、お肉やお魚のおかず、サラダ、炒めもの、和えものなど、献立が組み立てやすいように分けてご紹介していきます。お弁当の一品にはもちろん、晩ごはんのおかずにしたり、時間のある時にまとめて作っておいたり、ご自由にご活用ください。

毎日のごはんに
いかがですか？

ブロッコリーとトマトが彩るソースは、
ほどよい酸味で飽きのこない美味しさ。
一品だけでも満足感があります

鶏のおそうざい

チキンカツのブロッコリーソース

材料（作りやすい分量）

- 鶏もも肉　1枚（約200g）
- 塩・こしょう　各少々
- ブロッコリー　小1/4個
- トマト　小1/4個

A マヨネーズ　50g
オイスターソース　大さじ2
酢　小さじ2
さとう　小さじ1/2

衣
小麦粉・溶き卵・パン粉　各適量

- 揚げ油　適量

［ 作り方 ］

①鶏肉は一口大に切って塩、こしょうをし、小麦粉、溶き卵、パン粉の順に衣をつける。

②ブロッコリーは小房に分け、さっと1分ほど塩ゆでにしたら手早く冷まし、1cm角に切る。トマトも1cm角に切る。

③Aを合わせて②を加え、ソースを作る。

④鶏肉を160°Cに熱した油に入れ、表面がかたまってきたら返し、弱火にして5分、強火にして1～2分、何度か返しながらからりと揚げる。③のソースをかける。

Point!

ブロッコリーは余熱でやわらかくならないように、うちわなどで仰いで手早く冷ましておく。

前日の仕込み　②までOK

保存方法　不可

鶏の酢豚風

材料（作りやすい分量）

- 鶏もも肉　1枚（約200g）
- たまねぎ　1/4個
- にんじん　1/4本
- たけのこ　1/4パック（50g）
- 干ししいたけ　1枚
- ピーマン　1個

A しょうゆ　大さじ1
　こしょう　少々

B 溶き卵　1/2個分
　片栗粉　大さじ3

C 水　1/2カップ
　さとう　1/2カップ（65g）
　しょうゆ　1/4カップ
　酢　1/4カップ

D 片栗粉　大さじ1
　水　大さじ1

- 揚げ油　適量

[作り方]

①鶏肉は一口大に切り、A、Bを順に加えてもみ込む。干ししいたけはぬるま湯につけて戻しておく。

②たまねぎ、にんじん、たけのこ、しいたけ、ピーマンは適当な大きさに切る。にんじん、たけのこは一緒に水からゆで、にんじんが少しかたいくらいでざるにあげておく。

③160℃に熱した油で、ピーマンをさっと揚げて取り出す。鶏肉を入れて5分、高温にして1～2分、からりと揚げる。

④中華鍋にサラダ油を熱し、たまねぎ、しいたけを強火で炒める。油がまわったらにんじん、たけのこ、Cを入れる。煮立ったら③を加えて弱火にし、Dでとろみをつける。

Point!

ピーマンの色合いや歯応えがよくなるので、油通しがおすすめ。手間な場合は、ピーマンを④に加えて炒めてもできる。

前日の仕込み　②までOK

保存方法　不可

このねぎソースは、揚げなすや
揚げ豆腐などにもよく合います

油《ユー》淋《リン》鶏《チー》

材料（作りやすい分量）

- 鶏もも肉　1枚（約200g）

A 酒　大さじ1
　しょうゆ　大さじ1

B（ねぎソース）
　白ねぎ（粗みじんに切る）
　1/2本
　しょうゆ　大さじ2
　酢　大さじ1
　さとう　大さじ1
　はちみつ　大さじ1
　ごま油　大さじ1

衣　片栗粉　適量

- 揚げ油　適量

[作り方]

①鶏肉は一口大に切ってAをもみ込んでおく。

②耐熱容器にBを入れてレンジで1分加熱し、軽く混ぜてさとうを溶かし、ねぎソースを作る。

③ ①に片栗粉をまぶして160℃に熱した油に入れ、表面がかたまってきたら返し、弱火にして5分、強火にして1～2分、何度か返しながらからりと揚げる。②のソースをたっぷりかける。

前日の仕込み　②までOK

保存方法　不可

Point!

ねぎソースを混ぜ過ぎると粘りが出てくるので、軽く混ぜておく。

鶏のカレーチーズから揚げ

材料（作りやすい分量）

- 鶏もも肉　1枚（約200g）

A 塩　小さじ1/2
　カレー粉　小さじ1
　パルメザンチーズ
　大さじ1と1/2
　溶き卵　1/4個分
　牛乳　大さじ1
　片栗粉　大さじ1

- 揚げ油　適量

[作り方]

①鶏肉は一口大に切り、Aをもみ込んで1時間～一晩おく。

②160℃に熱した油に入れ、表面がかたまってきたら返し、弱火にして5分、強火にして1～2分、何度か返しながらからりと揚げる。

ちょっぴりスパイシーな
カレー風味のから揚げは、
ビールのおともにもおすすめ

前日の仕込み　①までOK

保存方法　不可

Point!

Aに牛乳を加えておくと、鶏肉がしっとりと仕上がる。

鶏のみそカツ

材料（作りやすい分量）

- 鶏もも肉　1枚（約200g）
- 塩・こしょう　各少々

A 赤みそ　30g
さとう　20g
酒　大さじ2/3
しょうゆ　大さじ1/2
水　大さじ1

衣
小麦粉・卵・パン粉　各適量

- 揚げ油　適量

［ 作り方 ］

①鶏肉は一口大に切って塩、こしょうをし、小麦粉、卵、パン粉の順で衣をつける。

②Aを小鍋で合わせ、ひと煮立ちさせる。

③①を160°Cに熱した油に入れ、表面がかたまってきたら返し、弱火にして5分、強火にして1〜2分、何度か返しながらからりと揚げる。②のソースをたっぷりかける。

前日の仕込み　②まで OK

保存方法　不可

甘みそソースは
見た目ほど辛くないので、
たっぷりかけて味わって

鶏のしそ天

材料（作りやすい分量）

- 鶏もも肉　1枚（約200g）
- 大葉　10枚

A 酒　大さじ1
しょうゆ　大さじ1
おろししょうが　少々

B 小麦粉　1/3カップ
片栗粉　1/6カップ
溶き卵　1/2個分
冷水　溶き卵と合わせて
1/2カップ
塩　少々

- 揚げ油　適量

［ 作り方 ］

①鶏肉は一口大に切り、Aをもみ込んで2時間以上おく。

②Bをさっくりと混ぜて衣を作り、刻んだ大葉も加えておく。

③②に①をくぐらせながら160°Cに熱した油に入れ、表面がかたまってきたら返し、弱火にして5分、強火にして1〜2分、何度か返しながらからりと揚げる。

前日の仕込み　①まで OK

保存方法　不可

ひじき入り豆腐ハンバーグ

材料（6個分）

- 鶏ひき肉　150g
- 木綿豆腐　1/2丁
- ひじき（乾燥）　大さじ2弱
- いんげん　2〜3本
- にんじん　1/7本（30g）

A 溶き卵　1/2個分
　片栗粉　小さじ1/2
　塩・こしょう　各少々

- 照り焼きダレ（P.63参照）　大さじ3

［ 作り方 ］

①豆腐は重しをして水気をきっておく。ひじきは水で戻し、洗って砂を落とす。さっとゆでてざるにあげ、しょうゆ少々（分量外）をふっておく。いんげんはさっと塩ゆでして冷水に取り、水気をふき取って小口切りにする。にんじんはみじん切りにする。

②ひき肉にAを加えてよく練る。①を加え、豆腐をつぶしながらさらによく練り、6等分にして小判型に丸める。

③フライパンにサラダ油少々（分量外）を熱し、中火で両面焼き色がつくまで焼き、ふたをして弱火で3分ほど火が通るまで焼く。

④キッチンペーパーで余分な油をふき取り、中火にして照り焼きダレを加えて絡める。

前日の仕込み　①までOK

保存方法　冷蔵で約2日間

れんこんしそつくね

材料（4個分）

- 鶏ひき肉　150g
- たまねぎ　中1/4個（50g）
- れんこん　小1/2節（70g）
- 大葉　10枚

A 溶き卵　1/2個分
　塩・こしょう　各少々
　小麦粉　大さじ1

- 照り焼きダレ（P.63参照）　大さじ2

［ 作り方 ］

①たまねぎ、れんこん、大葉は粗みじん切り、れんこんは酢水にさらしたらざるにあげておく。

②鶏ひき肉にAを加えてよく練る。①を加えてさらによく練り、4等分にして丸める。

③フライパンにサラダ油少々（分量外）を熱し、中火で両面焼き色がつくまで焼き、ふたをして弱火で3分ほど火が通るまで焼く。

④キッチンペーパーで余分な油をふき取り、中火にして照り焼きダレを加えて絡める。

前日の仕込み　①までOK

保存方法　冷蔵で約2日間

お子さんのお弁当には、
小さく丸めて2〜3個ずつ
串にさしてもいいですね

豚のおそうざい

れんこんのはさみ揚げ

アレンジレシピ

肉巻き、メンチカツの
アレンジレシピは 22、70 ページへ。

この肉ダネは
メンチカツと同じもの。
ピーマンの肉詰めも
なすのはさみ揚げも、
この肉ダネで作れます

材料（作りやすい分量）

- 豚ひき肉　100g
- たまねぎ　大1/8個（40g）
- れんこん　適量
- パン粉　大さじ1と1/2
- 溶き卵　1/4個分
- 塩　小さじ1/4
- こしょう　少々
- ナツメグ　少々

衣
小麦粉・溶き卵・パン粉
各適量

- 揚げ油　適量

[作り方]

①たまねぎは粗みじんに切り、サラダ油で炒めたら冷ましておく。

②れんこんは5mm幅の輪切り8枚にし、酢水にさらしたらざるにあげておく。

③豚ひき肉に塩、こしょう、ナツメグを加え、よく練る。

④ ①、パン粉、溶き卵も加えてさらによく練る。

⑤れんこんの水気をふき取って並べ、表面にはけで小麦粉をはたく（薄くまぶす）。④を4等分にしてれんこん2枚ではさむ（小麦粉をはたいた方ではさむ）。

⑥小麦粉、溶き卵、パン粉の順に衣をつけて160℃に熱した油に入れ、表面がかたまってきたら返し、弱火にして5分、強火にして1～2分、何度か返しながらからりと揚げる。

前日の仕込み　①までならOK

保存方法　不可

Point!

れんこんに小麦粉を
うすくまぶしておく
と、肉がつきやすい。

大豆入り豚つくねの甘酢てりやき

材料（小6個分）

- 豚ひき肉　200g
- 蒸し大豆　100g
- ニラ　1/2束

A 塩小さじ　1/2
片栗粉　大さじ1

B しょうゆ　大さじ2
はちみつ　大さじ2
酢　大さじ1

［ 作り方 ］

①大豆はビニール袋に入れ、すりこぎでたたいて少しつぶが残るくらいにつぶしておく。ニラは1cmに切る。

②豚ひき肉に①とAを加えてよく練り、4等分に丸める。

③フライパンにサラダ油少々（分量外）を熱し、両面にこんがり焼き色がついたら水大さじ2（分量外）を加え、ふたをして弱火で蒸し焼きにする。水分がなくなって火が通ったら、いったん取り出す。

④フライパンをきれいにふいてBを加えて中火にし、つくねを戻して絡める。

前日の仕込み　①までOK

保存方法　冷蔵で約2日間

point!

大豆をつぶすことで、他の素材となじみやすくする。

ごぼうの揚げ団子

ポン酢が合います。お弁当に入れる時はかけておいても美味しいです

材料（4個分）

- 豚ひき肉　100g
- ごぼう　70g
- たまねぎ　大1/8個（40g）
- 片栗粉　大さじ1

A 酒　大さじ1
塩　小さじ1/4
しょうゆ　小さじ1/4
こしょう　少々

衣
溶き卵　1/2個分
冷水 溶き卵と合わせて 1/2カップ
塩　少々
小麦粉　1/2カップ

- 揚げ油　適量

［ 作り方 ］

①ごぼうは5㎜角に切り、酢水にさらしたらざるにあげ、水気をしっかり切っておく。たまねぎはみじん切りにする。

② ①をボウルに入れ、片栗粉をまぶしておく。

③豚ひき肉にAを加え、粘り気が出るまでよく混ぜる。

④ ②を加えて混ぜ、4等分にして小判型に丸める。

⑤衣を合わせ、④をくぐらせて160℃に熱した油に入れ、表面がかたまってきたら返し、弱火にして5分、強火にして1〜2分、何度か返しながらからりと揚げる。

前日の仕込み　①までOK

保存方法　揚げたものを冷凍可

point!

衣は冷水で作ると、からっと揚がる。ごぼうとたまねぎに片栗粉をまぶしておくと、べちゃっとならない。

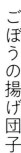

魚のおそうざい

アレンジレシピ

魚のフライの
アレンジレシピは
34 ページへ。

みそとマヨネーズの
コクのあるソースは、
後引く美味しさ!
さわらにもよく合います

鮭のねぎみそ焼き

材料 (4個分)

- 鮭　2切れ
- 生しいたけ　1枚
- 青ねぎ　2本

A (マヨネーズソース)
マヨネーズ　30g
白みそ　大さじ1
しょうゆ　小さじ1/2
だし汁　大さじ1/2

[作り方]

①しいたけは薄切り、青ねぎは小口切りにする。

②Aを合わせ、①も加えて混ぜる。

③鮭1切れを4つに切る。天板にオーブンシートを敷き、鮭を同じくらいの大きさになるように2つずつ組み合わせて並べ、軽く塩(分量外)をふる。

④鮭の上に②を等分にしてのせ、220℃のオーブンで10分焼く(トースターでも可)。

Point!

組み合わせた鮭にソースをのせて焼くと、身がくっつく。大きいままでもよい場合は、鮭を切らずにソースをのせてもよい。

前日の仕込み	①まで OK
保存方法	不可

さわらとにんじんのマリネ

さわらとにんじんに甘酸っぱい
マリネ液がしみてしっとり。
鮮やかな色でお弁当が
一気に華やぎます

材料（作りやすい分量）

- さわら　2切れ
- にんじん　1/2本
- 塩・こしょう　各少々
- 小麦粉　適量

A はちみつ　大さじ1
酢　大さじ3
塩　少々
サラダ油　大さじ1と1/3

［ 作り方 ］

①Aは合わせておく。にんじんはピーラーで細長くむき、塩少々（分量外）を加えてもむ。10分おいてしんなりしたら水気を絞り、Aにつけておく。

②さわらは一口大に切って、塩、こしょうをし、小麦粉をまぶす。

③フライパンにサラダ油（分量外）を熱し、中火で3〜4分、中まで火が通り両面がこんがりとなるまで焼く。焼きたてを①につけて冷ます。

Point!

さわらが熱いうちに調味液につけて、味をなじませる。

前日の仕込み	仕上げまでまたは①までOK
保存方法	冷蔵で約3日間

さわらの幽庵焼き

材料（2切れ分）

- さわら　2切れ

A　酒　大さじ1/2
　みりん　大さじ1と1/2
　しょうゆ　大さじ1
　ゆずしぼり汁　大さじ1/2

［ 作り方 ］

①さわらに軽く塩をふって30分おく。出てきた水気をふき取り、Aに一晩つけておく。

②天板にオーブンシートを敷き、汁気を切ったさわらを皮を上にして並べ、220℃のオーブンで10分焼く（グリルやトースターでも可）。

前日の仕込み　①まで必須

保存方法　冷蔵で約2日間

Point!

ゆずのしぼり汁は、レモン汁など柑橘系のしぼり汁で代用できる。

さばの香味焼き

材料（2切れ分）

- さば　2切れ

A　みりん　大さじ1
　さとう　大さじ1
　しょうゆ　大さじ1
　酢　大さじ1/2
　コチュジャン　大さじ1/2
　おろししょうが　少々

［ 作り方 ］

①さばに軽く塩（分量外）をふって5分おき、出てきた水気をふき取る。Aのタレに30分〜一晩つける。

②天板にオーブンシートを敷き、汁気を切ったさばを皮を上にして並べ、220℃のオーブンで10分焼く（グリルでも可）。

前日の仕込み　①までOK

保存方法　冷蔵で約2日間

Point!

コチュジャンを加えることで、韓国料理風の味わいに仕上がる。

煮もの

アレンジレシピ

しぐれ煮の
アレンジレシピは
76ページへ。

牛肉とかぶの煮物

かぶから水分が
出てくるので、
少ない煮汁でも大丈夫

材料（作りやすい分量）

- 牛こまぎれ肉　100g
- かぶ　中3個（400g）
- ごま油　大さじ1

A だし汁　2/3カップ
さとう　大さじ1
みりん　大さじ1と1/2
しょうゆ　大さじ2

［ 作り方 ］

①かぶは横半分に切って、半分を6等分に切る。葉は1cm長さに切る。

②鍋にごま油を熱して牛肉を炒め、半分くらい火が通ったら、かぶを加えて炒める。

③油がまわったらAを加え、落としぶたと鍋ぶたをしてヘラで返しながら弱火で5分ほど煮る（かぶがやわらかくなる前に一度返し、煮汁がまんべんなくまわるようにする）。

④かぶに火が通ったらふたを取って葉を加え、形をくずさないように鍋をゆすって返しながらさっと煮る。

前日の仕込み　仕上げまでOK

保存方法　冷蔵で約3日間

かぶと油揚げのさっと煮

材料（作りやすい分量）

- かぶ　中3個(400g)
- 油揚げ　1枚

A だし汁　1と1/2カップ
さとう　小さじ2
みりん　大さじ2
しょうゆ　大さじ1
塩　小さじ1/4

[作り方]

①かぶはくし型に切る。

②油揚げは横半分に切ってから1cm幅に切る。

③鍋にAを煮立てて①と②を入れ、ふたをして中火でかぶに火が通るまで煮る。

前日の仕込み　仕上げまでOK

保存方法　冷蔵で約3日間

帆立のうま味がしみた大根は、
ちょっぴりよそゆきの味わい。
お酒の肴にもうれしい一品です

大根とボイル帆立のさっと煮

材料（作りやすい分量）

- 大根(細め)　10㎝分(300g)
- ボイル帆立　100g

A だし汁　1カップ
さとう　小さじ2/3
みりん　大さじ1と1/2
しょうゆ　大さじ1
塩　少々

[作り方]

①大根は5㎜角の棒状に切る。

②帆立は手で粗くほぐし、酒大さじ1(分量外)をふっておく。

③鍋にA、①、②を入れ、ひと煮立ちしたら弱火にし、ふたをして大根に火が通るまで煮る。

前日の仕込み　仕上げまでOK

保存方法　冷蔵で約3日間

point!

大根を細長く切ることで火が通りやすくなり、手早く仕上がる。

高野豆腐の卵とじ

材料（作りやすい分量）

- 高野豆腐　4枚
- きぬさや　8～10枚
- 溶き卵　3個分

A だし汁　3カップ
みりん　50cc
さとう　大さじ2
うす口しょうゆ　大さじ1と1/2
塩　小さじ1/4

[作り方]

①高野豆腐は水で戻して、流水で絞りながらしっかり洗う。両手ではさんで水気をしっかり絞り、2cm角に切る。

②きぬさやは筋を取り、さっと塩ゆでして手早く冷まし、ななめ半分に切る。

③鍋にAを煮立てて高野豆腐を入れ、落としぶたをしてごく弱火で30分煮る。

④きぬさやをちらし、溶き卵を入れてひと混ぜし、卵に火が通ったら火を止める。

前日の仕込み　仕上げまで または②までOK

保存方法　冷蔵で 約3日間

彩りが欲しい時に便利な、
さっと作れる
ごはんのおともです

にんじんの梅煮

材料（作りやすい分量）

- にんじん　1/2本
- 梅肉　大さじ1
- かつお節　適量

[作り方]

①にんじんは5mm厚さの半月に切る。

②小鍋に入れ、水100cc（分量外）、梅肉、かつお節を入れて火にかける。煮立ったら弱火にし、にんじんがやわらかくなって汁気がほとんどなくなるまで煮る。

前日の仕込み　仕上げまでOK

保存方法　冷蔵で約3日間

さつまいもときんかんのはちみつ煮

材料（作りやすい分量）

- さつまいも　大1本（300g）
- きんかん　10個
- はちみつ　60g
- レモン汁　大さじ1

［ 作り方 ］

①さつまいもは1cm幅の輪切りにして水にさらす。きんかんは5㎜幅の輪切りにして種を取る。

②鍋に水気を切ったさつまいも、きんかん、はちみつ、レモン汁、水250cc（分量外）を入れ、落としぶたをして、さつまいもがやわらかくなるまで弱火で煮る。

前日の仕込み 仕上げまでOK　**保存方法** 冷蔵で約1週間

さつまいものレモン煮

Point! 途中で動かさず、煮くずれしいないように仕上げる。

材料（作りやすい分量）

- さつまいも　大1本（300g）
- A さとう　大さじ3
- A レモン汁　大さじ2

［ 作り方 ］

①さつまいもは1cm幅の輪切りにして水にさらす。

②水気を切ったさつまいもを鍋に入れ、水をひたひたになるまで加えて火にかける。煮立ったらAを加え、さつまいもに火が通るまで、ごく弱火で煮る（形がくずれないように）。

前日の仕込み 仕上げまでOK　**保存方法** 冷蔵で約1週間

さつまいもと油揚げのみそ煮

Point! 仕上げに混ぜにくいようなら、鍋をゆすって煮汁をまわしてもよい。

材料（作りやすい分量）

- さつまいも　大1本（300g）
- 油揚げ　1枚
- だし汁　2カップ
- A 酒　大さじ1
- A さとう　大さじ1
- A みりん　大さじ1
- A しょうゆ　大さじ1/2
- みそ　大さじ1

［ 作り方 ］

①さつまいもは1cm厚さの半月に切り、水にさらす。油揚げは横半分に切ってから2cm幅に切る。

②鍋に水気を切ったさつまいもとだし汁を入れ、火にかける。煮立ったらAと油揚げを加え、ふたをしてさつまいもがやわらかくなるまで弱火で煮る。

③ふたを取ってみそを溶き入れ、ひと混ぜしたら火を止める。

前日の仕込み 仕上げまでOK　**保存方法** 冷蔵で約3日間

サラダ

アレンジレシピ

ポテサラの
アレンジレシピは
70 ページへ。

ワインにも合う
甘酸っぱいサラダです。
ブロッコリーの
歯応えのある食感が
アクセントに

かぼちゃとカッテージチーズのサラダ

材料（作りやすい分量）

- かぼちゃ　1/4個（300g）
- たまねぎ　大1/4個（80g）
- ブロッコリー　1/4個

A カッテージチーズ　100g
マヨネーズ　大さじ3
レモン汁　大さじ1
塩・こしょう　各少々

［ 作り方 ］

①かぼちゃは2cm角に切る。たまねぎは横半分に切ってから薄切りにする。それぞれざるに入れてやわらかくなるまで蒸したら、たまねぎはそのまま冷まし、かぼちゃは塩、こしょう（各分量外）をふって冷ます。

②ブロッコリーは小房に分け、さっと塩ゆでして手早く冷ます。

③ボウルにAを合わせて①と2②を加え、さっくり和える。

前日の仕込み　仕上げまでまたは②までOK

保存方法　冷蔵で約2日間

バターの余韻がふわりと広がる
洋風な一品。
パンにもおすすめです

白菜と炒り卵のサラダ

材料（作りやすい分量）

- 白菜　大1/8個（約350g）
- ほうれん草　1/2把
- 卵　2個
- バター（無塩）　10g

A さとう　大さじ1/2
塩　少々
昆布茶　大さじ1/3

B さとう　小さじ1
塩　少々

C マヨネーズ　大さじ2
しょうゆ　少々

[作り方]

①白菜は2cm幅に切り、芯、葉の順に軽く塩ゆでしてざるにあげる。粗熱が取れたら絞ってボウルに移し、下味のAを混ぜて冷ましておく。

②ほうれん草はさっと塩ゆでして冷水に取り、絞って3cmに切る。

③卵にBを加えて混ぜ、フライパンにバターを熱し、炒り卵を作る。

④白菜をもう一度絞ってボウルに移し、②と③を加えて、Cで和える。

point!

卵をバターで炒めることで風味が増す。冷めるとバターがかたまって白菜の水分が出にくくなる。

前日の仕込み　②までOK

保存方法　不可

切り干し大根のサラダ

前日の仕込み　仕上げまでOK

保存方法　冷蔵で約3日間

point!

切り干し大根は塩でもんで繊維をこわしておくと、味がなじみやすくなる。

材料（作りやすい分量）

- 切り干し大根　30g
- たまねぎ　大1/8個（40g）
- にんじん　適量
- きゅうり　1/2本
- ツナ缶（小）　1/2缶

A
- マヨネーズ　大さじ1と1/2
- 酢　大さじ1と1/2
- さとう　小さじ1/4
- 塩・こしょう　各少々
- しょうゆ　大さじ1/4
- 昆布茶　小さじ1/4
- ごま油　大さじ1/4

［ 作り方 ］

①切り干し大根は水につけ、5分ほどしたらいったんざるにあげ、塩少々（分量外）をふってもむ。塩を洗い流し、再び水につけて30分おく。ざるにあげて水気を絞り、長ければ食べやすく切っておく。

②たまねぎは横半分に切ってから薄切りにする。にんじんはせん切りにする。それぞれざるに入れて蒸し器で蒸し、冷ましておく（たまねぎはやわらかくなるまで、にんじんはさっと火を通す程度に蒸す）。きゅうりはせん切りにしておく。

③ボウルにAを合わせ、①、②、缶汁を切ったツナを入れて和える。

豆とひじきのサラダ

前日の仕込み　仕上げまでOK

保存方法　冷蔵で約3日間

point!

ミックスビーンズは下味がなじみやすいように、軽くゆでておく。

材料（作りやすい分量）

- ミックスビーンズ（水煮）　200g
- ひじき　20g
- たまねぎ　大1/4個（80g）
- きゅうり　1本
- ツナ缶　小1缶

A
- さとう　小さじ2
- しょうゆ　小さじ2
- 酢　小さじ4

B
- マヨネーズ　70g
- しょうゆ　大さじ2/3
- こしょう　少々
- 昆布茶　小さじ1/4
- 酢　小さじ1

［ 作り方 ］

①ミックスビーンズはさっとゆでてざるにあげ、水気を切ってボウルに移し、Aの半量で下味をつけて冷ましておく。

②ひじきは水で戻して洗い、砂を落とす。鍋に水とひじきを入れて火にかけ、沸騰したらざるにあげる。水気をしっかり切ってボウルに移し、残りのAで下味をつけて冷ましておく。

③たまねぎは横半分に切ってから薄切りにし、ざるに入れて蒸し器で火が通るまで蒸す。

④きゅうりは薄い輪切りにして塩少々（分量外）を加えてもみ、しんなりしたら水気を絞る。

⑤①に②をしっかり絞って入れ、③、④、缶汁をきったツナを加えて、Bで和える。

さつまいもとごぼうのサラダ

前日の仕込み　仕上げまでOK

保存方法　冷蔵で約3日間

Point!

さつまいもの形を残したい時は、切ってから蒸すとよい。

材料（作りやすい分量）

- さつまいも　中1本（200g）
- ごぼう　1/2本（100g）
- いんげん　10本
- 酢　適量

A
- マヨネーズ　大さじ3
- 白ごま　大さじ1
- さとう　大さじ1/2
- 酢　大さじ1/2
- しょうゆ　大さじ1/2
- 白練りごま　大さじ2

［ 作り方 ］

①さつまいもは拍子木切りにして水にさらす。ざるにあげて水を切り、蒸し器で火が通るまで蒸す（形がくずれないように）。

②ごぼうは洗って、5cm長さ、5㎜角くらいの棒状に切る。歯応えの残るかたさまでゆでたらざるにあげ、熱いうちに下味の酢をまぶして冷ます。

③いんげんは1分ほど塩ゆでして冷水に取り、水気をふき取って3cm長さに切る。

④ボウルにAを合わせ、①、②、③を和える。

キャベツとにんじんのカレーサラダ

前日の仕込み　仕上げまでOK

保存方法　冷蔵で約3日間

材料（作りやすい分量）

- キャベツ　2〜3枚
- にんじん　1/4本（50g）

A（カレードレッシング）
- カレー粉　小さじ1/2
- 酢　小さじ1
- 塩　小さじ1/4
- こしょう　少々
- サラダ油　小さじ2

［ 作り方 ］

①キャベツはざく切りに、にんじんはせん切りにして耐熱容器に入れ、蒸気を逃がすようにふわっとラップをかけてレンジで2分加熱する。

②水気を捨て、熱いうちにAを混ぜ合わせたら冷ます。

さつまいもと豆で
ボリューム満点。
カレーの風味が
しっかりきいています

さつまいもと豆のカレーサラダ

材料（作りやすい分量）

- さつまいも　中1本（200g）
- たまねぎ　大1/4個（80g）
- きゅうり　1本
- ミックスビーンズ（水煮）200g
- 塩・こしょう　各少々

A さとう　小さじ1
しょうゆ　小さじ1
酢　小さじ2

B マヨネーズ　70g
カレー粉　大さじ1
オイスターソース　大さじ2/3
しょうゆ　小さじ1

［ 作り方 ］

①さつまいもは丸ごと蒸し器に入れ、やわらかくなるまで蒸す。粗熱が取れたら1cm幅のいちょう切りにし、塩、こしょうをふって冷ましておく。

②たまねぎは横半分に切ってから薄切りにする。ざるに入れて蒸し器でやわらかくなるまで蒸し、そのまま冷ましておく。

③きゅうりは薄い輪切りにして塩少々（分量外）を加えてもみ、しんなりしたら水気を絞る。

④ミックスビーンズはさっとゆでてざるにあげ、水気を切ってボウルに移し、Aで下味をつけて冷ましておく。

⑤ ①、②、③、④をBで和える。

point!

さつまいもの形がくずれてもいい時は、丸ごと蒸してから切ると楽にできる。

前日の仕込み　仕上げまでOK

保存方法　冷蔵で約3日間

炒めもの

アレンジレシピ

きんぴらの
アレンジレシピは
58ページへ。

大根がとろっとやわらかな、
ごはんによく合う
ピリ辛おかずです

大根塩マーボー

材料（作りやすい分量）

- 豚ひき肉　100g
- 葉つき大根　大1/3本（300g）
- 水溶き片栗粉　適量
- ごま油　適量

A たまねぎ（みじん切り）　大さじ1
しょうが（みじん切り）　小さじ1
たかのつめ　1本

B 水　300cc
鶏がらスープの素　小さじ2
塩　小さじ1/2
酒　大さじ1

［ 作り方 ］

①たかのつめは種を取って小口切りにする。大根は1.5cm角に、大根葉は刻んでおく。

②フライパンにサラダ油大さじ1（分量外）とAを入れ、中火で炒める。香りが立ってきたら豚ひき肉を加え、火が通るまで炒める。

③大根も加えて炒め、油がまわったらBを加え、煮立ったらふたをして弱火で煮る。

④大根がやわらかくなったら大根葉を加え、水溶き片栗粉でとろみをつけ、ごま油も加えてひと煮立ちさせる。

Point!

大根葉は青ねぎで代用可（仕上げにちらす）。

前日の仕込み　①までOK

保存方法　不可

チャプチェ風春雨炒め

前日の仕込み　①と③のみOK

保存方法　不可

材料（作りやすい分量）

- 豚バラうす切り　100g
- 春雨　50g
- たまねぎ　大1/4個（80g）
- にんじん　適量
- ニラ　1/4束
- ごま油　大さじ1/2

A　とりがらスープの素　小さじ1/2
　さとう　大さじ1/2
　酒　大さじ1/2
　しょうゆ　大さじ1
　オイスターソース　大さじ1
　水　1/2カップ

[作り方]

①豚バラ肉は食べやすい大きさに切って、酒、しょうゆ少々（ともに分量外）で下味をつけておく。

②春雨は沸騰した湯に入れて2分おいて戻し、ざるにあげて水で洗い、食べやすく切る。

③たまねぎは薄切り、にんじんはせん切り、ニラは3cm長さに切る。

④フライパンにごま油を熱し、豚バラ肉を炒める。半分くらい火が通ったら、たまねぎ、にんじんを加えて中火で炒め、しんなりしたら、Aと春雨を加える。汁気がなくなったらニラも加えてさっと炒める。

スナップえんどうとツナのしょうゆ炒め

前日の仕込み　不可

保存方法　不可

材料（作りやすい分量）

- スナップえんどう　10本（100g）
- ツナ缶　小1/2缶（40g）
- おろししょうが　少々
- サラダ油　大さじ1/2

A　酒　大さじ1/2
　しょうゆ　小さじ1/2
　塩・こしょう　各少々

[作り方]

①スナップえんどうは筋を取る。ツナは缶汁を切っておく。

②フライパンにサラダ油を熱し、スナップえんどうを中火で炒める。油がまわったら水大さじ2（分量外）を加え、ふたをずらしてかけて中火にし、2〜3分蒸し焼きにしながら水分をとばす。

③ふたを取ってツナとおろししょうがを加えて手早く混ぜ、Aも加えて強火でさっと炒める。

ごまみそズッキーニ

材料（作りやすい分量）

- ズッキーニ　1本（200g）
- サラダ油　大さじ1
- 白ごま　適量

A みそ　大さじ1
さとう　大さじ1
酒　大さじ1
おろししょうが　小さじ1/2

［ 作り方 ］

①ズッキーニは大きめの乱切りにする。

②小鍋にサラダ油を熱し、ズッキーニを炒める。油がまわったら水50cc（分量外）を入れ、ふたをずらしてかけて強火にし、3分ほど蒸し煮にしながら水分をとばす。

③ふたを取ってAを絡め、汁気をとばしながら炒めたら、仕上げに白ごまをふる。

前日の仕込み　不可

保存方法　不可

Point!

ズッキーニは大きめの乱切りにするのがポイント。塩分を加えるとどんどん水気が出てくるので、強火で炒めて汁気をとばし、歯応えが残るようにする。

カレーうの花

材料（作りやすい分量）

- おから　200g
- ベーコン　2枚
- 油揚げ　1枚
- 干ししいたけ　1枚
- にんじん　40g
- 青ねぎ　適量
- カレー粉　大さじ1
- マヨネーズ　大さじ1
- 塩・こしょう　各少々

A 水　300cc
コンソメ（粉末）　大さじ1
さとう　大さじ1
しょうゆ　大さじ1と1/2

［ 作り方 ］

①ベーコンは1cm幅に切る。油揚げは横半分に切ってから細切りにする。干ししいたけはぬるま湯で戻して水気を絞り、半分に切ってから細切りにする。にんじんも細切りに、青ねぎは小口切りにする。

②サラダ油大さじ1（分量外）を熱し、ベーコン、しいたけ、にんじんを弱火でよく炒める。にんじんがしんなりしたら、おからと油揚げを加えて中火にしてさっと炒め、カレー粉を加えてよく炒る。

③Aを加え、水分がなくなるまで炒めたら火を止める。青ねぎ、マヨネーズを加えて混ぜ合わせ、塩、こしょうで味を調える。

前日の仕込み　仕上げまで
または①までOK

保存方法　冷蔵で
約3日間

オクラのカレー炒め

材料（作りやすい分量）

- オクラ　10本
- サラダ油　大さじ1/2

A 塩　少々
　カレー粉　小さじ1/4
　しょうゆ　小さじ1
　水　50cc

［ 作り方 ］

①オクラは塩（分量外）をまぶしてこすって洗い、がくを取る。

②フライパンにサラダ油を熱し、中火でオクラを炒める。油がまわったらAを加えて強火にし、水分がなくなるまで炒める。

Point!

オクラはさっと手早く炒めて、歯応えと色味を生かす。

前日の仕込み　①までOK

保存方法　不可

えのきとじゃこのさっと炒め

材料（作りやすい分量）

- えのき　1パック
- ちりめんじゃこ　10g
- サラダ油　大さじ1/2
- 青のり　適量

A 酒　大さじ1
　水　大さじ1
　しょうゆ　小さじ1
　塩　少々

［ 作り方 ］

①えのきは半分に切ってほぐす。

②フライパンにサラダ油を熱し、えのきを中火で炒める。しんなりしたら、Aとじゃこを加えて強火にし、さっと炒める。火を止めて青のりをふる。

前日の仕込み　①までOK

保存方法　不可

プチトマトのしょうゆ炒め

材料（作りやすい分量）

- プチトマト　10個（150g）
- サラダ油　大さじ1/2
- しょうゆ　小さじ1/2

［ 作り方 ］

①プチトマトは洗ってへたを取り除く。

②フライパンにサラダ油を熱し、プチトマトを中火で炒める。皮がはじけだしたら手早くしょうゆを加え、さっと絡める。

彩りと箸休めにおすすめ。
トマトがほんのり
甘く感じます

前日の仕込み　不可

保存方法　不可

酢のもの

にんじんとオレンジのマリネ

さわやかなオレンジの風味と、
シャキシャキとしたにんじんの歯応えを

アレンジレシピ

甘酢漬けの
アレンジレシピは
17 ページへ。

材料（作りやすい分量）

- にんじん　1本（200g）
- オレンジ　1個

A
- 塩　小さじ1/2
- こしょう　少々
- さとう　小さじ1
- はちみつ　小さじ2
- 酢　大さじ1
- レモン汁　大さじ2
- オリーブオイル　大さじ1

［ 作り方 ］

①にんじんは太めのせん切りにして耐熱容器に入れ、ラップをしてレンジで3分加熱したら冷ましておく。

②オレンジは包丁で皮をむいて、一口大に切る。

③ボウルにAを合わせ、水気を軽く切ったにんじんとオレンジを加えて和え、2〜3時間おく。

Point!

オレンジは、みかんやグレープフルーツなど、他の柑橘で代用可。

前日の仕込み　すべて必須

保存方法　冷蔵で約3日間

豆のカレーマリネ

材料（作りやすい分量）

- ミックスビーンズ（水煮）　200g
- たまねぎ　中1/4個（50g）
- 酢　40cc

A　水90cc
　塩　小さじ1
　さとう　大さじ1
　コンソメ（粉末）　小さじ1
　カレー粉　小さじ1強

［ 作り方 ］

①たまねぎはみじん切りにして鍋に入れ、Aを加えて強火にかける。沸騰したら火を止めて酢を加える。

②ミックスビーンズは軽くゆで、ざるにあげて水気を切り、熱いうちに①につけて、半日おく。

前日の仕込み　すべて必須

保存方法　冷蔵で約1週間

point!

酸味がとばないように、酢は火を止めてから加える。

赤たまねぎのマリネ

材料（作りやすい分量）

- 赤たまねぎ　中2個

A　塩・こしょう　各少々
　酢　150cc
　さとう　大さじ2
　はちみつ　小さじ2

［ 作り方 ］

①赤玉ねぎは半分に切り、5mm幅に切る。

②耐熱容器に赤たまねぎとAを入れてひと混ぜし、ラップをして電子レンジで3分加熱して、1日おく。

ピクルスみたいな、
潔い酸っぱさ！
日持ちするので
ストックしておくと
便利です

前日の仕込み　すべて必須

保存方法　冷蔵で約2週間

さつまいもとひじきのごま酢

材料（作りやすい分量）

- さつまいも　中1本（200g）
- ひじき　10g

A　すり白ごま　大さじ1と1/2
　さとう　大さじ1と1/3
　酢　大さじ1
　しょうゆ　大さじ1
　ごま油　小さじ1

［ 作り方 ］

①さつまいもは7〜8mmのいちょう切りにして蒸し器で火が通るまで蒸す（形がくずれないように）。

②ひじきは水で戻し、洗って砂を落とす。ひじきと水を鍋に入れ、火にかけて沸騰したらざるにあげる。粗熱が取れたら水気をしっかり絞って熱いうちにAにつける。

③②にさつまいもを加え、ざっくり和えて冷ます。

前日の仕込み　仕上げまでOK

保存方法　冷蔵で約3日間

point!

ひじきを熱いうちに調味液につけて、味をなじませる。

なす南蛮

材料（作りやすい分量）

- なす　小3本

A　しょうゆ　大さじ1
　さとう　大さじ1
　酢　大さじ1
　たかのつめ（小口切り）　適量

- 揚げ油　適量

［ 作り方 ］

①Aを合わせておく。

②なすは拍子木切りにして、180℃に熱した油でさっと揚げ、Aにつけて冷ます。

なすをさっと
油で揚げて
南蛮酢につけるだけ。
簡単なのに
クセになる味わいです

前日の仕込み　仕上げまでOK

保存方法　冷蔵で約3日間

和えもの

アレンジレシピ

ごま和え、白和えの
アレンジレシピは
28、36 ページへ。

スナップえんどうとしめじのナムル

材料（作りやすい分量）

- スナップえんどう　10本
- しめじ　1/3パック
- にんじん　適量

A ごま油　大さじ1
　しょうゆ　大さじ1/2
　さとう　少々
　塩・こしょう　各少々

[作り方]

①スナップえんどうは筋を取り、さっと塩ゆでして手早く冷ます。

②にんじんはせん切り、しめじは小房に分け、それぞれさっと塩ゆでして冷ます。

③ ①と②の水気をしっかり切って、Aで和える。

前日の仕込み　②までOK

保存方法　不可

しらたきのゆかり和え

材料（作りやすい分量）

- 糸こんにゃく　1袋（200g）
- にんじん　1/7本（30g）
- ゆかり　小さじ1と1/2
- みりん　小さじ1
- サラダ油　大さじ1/2

［ 作り方 ］

①糸こんにゃくはざく切りにし、下ゆでをして水気を切る。にんじんはせん切りにする。

②サラダ油を熱し、にんじん、糸こんにゃくの順に中火で炒める。にんじんがしんなりしたら、みりんを加えてさっと炒め、火を止めてゆかりを混ぜ合わせる。（しばらくすると変色するが、味は変わらない）

前日の仕込み　仕上げまで　または①までOK

保存方法　冷蔵で　約2日間

カリフラワーのマスタード和え

材料（作りやすい分量）

- カリフラワー　大1/4個（150g）

A　粒マスタード　小さじ1
　ケチャップ　小さじ1
　酢　大さじ1
　サラダ油　大さじ1
　塩　少々
　さとう　少々

［ 作り方 ］

①ボウルにAを合わせておく。

②カリフラワーは小房に分けて、1分ほど塩ゆでする。水気を切って熱いうちに①に入れ、Aを絡ませ味をなじませたら冷ます。

前日の仕込み　仕上げまで　OK

保存方法　冷蔵で　約3日間

Point!

ケチャップを加えると、コクと甘みが加わる。

まろやかな酸味とコリコリとした食感が楽しめる、手軽な一品。かぶやブロッコリーで作っても美味しいです

炊き込みごはん

じゃがいもがしっとりやわらか。
鮭ごはんと一緒に頬張って

鮭じゃがごはん

材料（作りやすい分量）

- 米　2合
- 鮭（甘塩）　2切れ
- じゃがいも　2個
- 昆布（5㎝角）　1枚
- 酒　大さじ1

A 塩　小さじ2/3
　バター（無塩）　8g
　黒こしょう　少々

［ 作り方 ］

①米は洗って炊飯器に入れ、普通の水加減にしておく。

②鮭に酒をふっておく。じゃがいもは一口大に切る。

③米の上に昆布、鮭、じゃがいもをのせて炊く。炊き上がったらすぐに昆布と鮭を取り出して蒸らし、鮭は骨を除いてほぐしておく。

④蒸らしたごはんに、ほぐした鮭とAを混ぜ合わせる。

前日の仕込み　不可

保存方法　不可

ねっとりと美味しい
里芋がゴロゴロ。
じゃこの塩気がきいています

里芋とじゃこのごはん

材料（作りやすい分量）

- 米　2合
- 里芋　小6個
- じゃこ　60g

A
- 塩　小さじ2/3
- 酒　大さじ1
- しょうゆ　大さじ1

［ 作り方 ］

①米は洗って炊飯器に入れ、普通の水加減にしておく。

②里芋は皮をむいて塩でもみ、洗って一口大に切る。じゃこはざるに入れて熱湯をかけて臭みを取り除き、水気を切っておく。

③米にAを混ぜ、②をのせて普通に炊く。

前日の仕込み　不可

保存方法　不可

Point!

里芋は塩でもんで表面のぬめりを洗い流し、味をしみ込みやすくしておく。

さつまいもとえのきの炊き込みごはん

材料（作りやすい分量）

- 米　2合
- さつまいも　大1/2本
- えのき（小パック）1パック
- 油揚げ　1枚
- だし汁　適量

A
- しょうゆ　大さじ1と1/2
- みりん　大さじ1と1/2
- 酒　大さじ2/3
- 塩　ひとつまみ

［ 作り方 ］

①米は洗ってざるにあげておく。

②さつまいもは2cm角に切って水にさらしたらざるにあげておく。えのきは3等分に切る。油揚げは横半分に切ってから1cm幅に切る。

③米とAを炊飯器に入れてざっくり混ぜ、2合の目盛りまでだし汁を加え、②をのせて普通に炊く。

前日の仕込み　不可

保存方法　不可

とうもろこしと桜えびのごはん

材料（作りやすい分量）

- 米　2合
- とうもろこし（粒 ※コーン缶でも可）1本分（200g）
- しょうが　1かけ
- 桜えび　10g

A
- しょうゆ　大さじ1
- 塩　小さじ1

［ 作り方 ］

①米は洗って炊飯器に入れ、普通の水加減にしておく。

②とうもろこしは包丁で粒をそぎ取る（コーン缶を使う場合は、缶汁をしっかり切っておく）。しょうがはせん切りに、桜えびはフライパンで空煎りする。

③米にAを加えてひと混ぜし、②をのせて普通に炊く

前日の仕込み　不可

保存方法　不可

Point!

桜えびを空煎りしておくと、風味が増して美味しい。

「春野菜」は

冬の終わりから夏にかけて
順々に出始めます。
みずみずしさと
特有の苦味や
香りを楽しみます。

◎3月頃、淡路島産のたまねぎが出始めると、いつもの料理が格段とおいしくなります。私は牛肉と新たまねぎのオムレツが大好きです。太いねぎのような葉が食べられるのもこの時季ならでは。煮物にするととろけます。

◎関西では豆ごはんの豆はうすいえんどう豆です。皮が柔らかくて上品な味。むいて冷凍しておけば長く楽しめます。

◎たけのこもこの時季だけのもの。手間はかかりますが、たくさんゆがいて酢水につけておけば1週間は日持ちします。

◎完熟いちごをアイスキャンデー用に冷凍しておかないといけません。

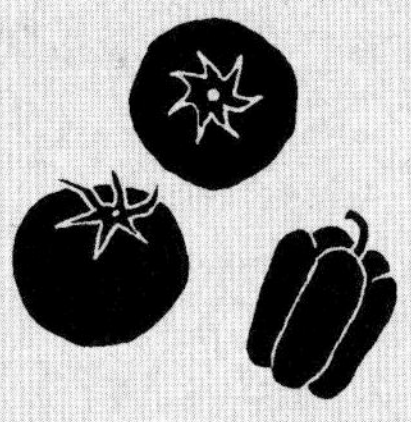

「夏野菜」は

毎日たくさん収穫される
ものが多いので、
大盛りで安価に出回ります。
たくさん作ってたくさん
食べられる料理にします。

◎ししとうだけでなく、ピーマンも新鮮なものは種ごと食べられます。くたくたに煮て丸ごといただきます。

◎トマトを湯むきにしてざく切りにし、塩とオリーブ油をかけるだけで絶品サラダになります。ごま油でも美味しいです。熟したトマトがたくさんある時は湯むきしてざく切りにして冷凍しておけば、スープやカレーにそのまま使えます。

◎水なすを1～2日、塩水につけておくだけの即席漬けがマイブームです。手で割いてけずり節をかけてしょうゆをたらすだけでもおいしいですが、サラダに入れても水なすの旨味が増していて美味しいです。

季節の野菜覚書

旬の野菜は栄養たっぷりで美味しいだけでなく、安価なこともうれしいところ。
ここでは私なりの簡単な覚書をまとめました。
季節ごとに出回る野菜を味わって、料理をさらに楽しんでください。

「秋野菜」は

根菜など味も濃く
栄養価も高くなります。
冬に備えてしっかり
食べたいイメージ。

「冬野菜」は

特に霜が降りたあとは
甘みが出て
水分もたくさん含んで
おいしくなります。

◎さつま芋は長期保存できるので1年中出回りますが、国産のほくほくしたかぼちゃはこの時季だけ。コロッケやサラダにはほくほくしたものがやっぱり美味しいなぁと思います。

◎10月中旬に丹波の黒豆の枝豆が出回ります。短い期間ですが楽しみにしています。固めに塩ゆでするのが好みです。

◎梨、りんご、柿、料理に合わせたい果物が出回ります。果物の酸味、甘み、香りが調味料代わりになります。

◎大根や白菜などは大きいですが新聞に包んでポリ袋に入れて外においておけるので場所をとりません。

◎ほうれん草や春菊などの青菜がたくさん出回りますが、特に春菊は季節外れにはとても高価になることが多いので、この時季にたっぷりいただきます。ゆがいて蒸した金時にんじんとごま和えにしたものはお店でも人気です。なめこと春菊の中華スープは春菊が苦手な人も美味しいと言ってくれました。

◎みかん、金柑から甘夏、はっさく、デコポンなどの晩柑の季節へ。どれも料理によく合わせます。柑橘類が大好きです。

船橋律子（ふなはし・りつこ）

「かもめ食堂（兵庫県西脇市黒田庄町黒田1590-37）」店主。料理上手な母の影響もあり、幼い頃から台所に立つ大の料理好き。パティスリーや飲食店の勤務を経て、2008年に神戸元町で「かもめ食堂」をオープン。イートインスタイルで楽しめる野菜たっぷりの「かもめ定食」のほか、季節の野菜やおそうざい、お弁当のテイクアウトをはじめる。2015年秋、六甲への移転オープンを機に、店内に畳席を新設。看板の「かもめ定食」に加え、プリンなどのおやつメニューも展開し、街のオアシス的な存在に。2023年2月現在、兵庫県西脇市に移店している。

http://kamomeshokudo.com/

撮影　竹田俊吾

スタイリング　上良美紀

デザイン　伊庭　勝・伊庭貞江（tramworks）

取材・文　山形恭子

料理協力　窪田靖子（かもめ食堂）

編集　鈴木理恵（TRYOUT）

少《すこ》しの仕《し》込《こ》みで生《う》み出《だ》す毎日《まいにち》食《た》べたくなる味《あじ》

六甲《ろっこう》かもめ食堂《しょくどう》の
野菜《やさい》が美味《おい》しいお弁当《べんとう》

2019年3月15日　発　行　　　NDC 596
2023年2月10日　第８刷

著　者　船橋律子《ふなはしりつこ》

発行者　小川雄一

発行所　株式会社 誠文堂新光社
〒113-0033 東京都文京区本郷3-3-11
電話03-5800-5780
https://www.seibundo-shinkosha.net/

印刷・製本　図書印刷 株式会社

ISBN978-4-416-61915-5